AF548417

Gallip

Bibliografische Information der Deutschen Nationalbibliothek

Die Deutsche Nationalbibliothek verzeichnet diese Publikation in der Deutschen Nationalbibliografie; detaillierte bibliografische Daten sind im Internet über http://dnb.dnb.de abrufbar.

Coverbild: Daniela Müller, Leipzig
Satz, Layout & Illustration: Timo Hirschfeld, Düsseldorf
Umschlagsgestaltung: Timo Hirschfeld, Düsseldorf
Korrektorat: Ulf Schumann, Berlin
Druck: Bookpress.eu, Polen
ISBN: 978-3-9824824-8-4

Über die Autorin

Alexandra Wilmsmann-Hiller ist eine erfolgreiche Mentorin für Lebens- und Liebesglück, Gründerin und Inhaberin der lebendig-MACHER GmbH. Sie ist eine faszinierende Weltenwandlerin und verbindet mehr als zwanzig Jahre Erfahrung als Top-Managerin in der Wirtschaft in Deutschland und im Ausland mit der Welt der modernen Psychotherapie und Persönlichkeitsentwicklung.

Ihr Spezialgebiet liegt darin, Frauen dabei zu helfen, die perfekte Partnerin in sich selbst zu finden und so eine glückliche und erfüllte Beziehung aufzubauen. **Ihre Mission ist die Liebe!**

Ihr Buch „Katapult ins Liebesglück" ist ein wunderbarer Leitfaden für alle, die sich auf die Suche nach ihrer wahren Liebe begeben möchten. Es ist voller Praxiswissen, Tipps und Strategien, die helfen, die Selbstliebe zu stärken und dadurch die Voraussetzungen für eine glückliche Partnerschaft zu schaffen.

Entstanden ist ihr Werk unter anderem aus ihrer langjährigen Praxis-Arbeit in folgenden Gebieten: Körperpsychotherapie, Schreib- und Poesietherapie, Achtsamkeitstraining zur Stressbewältigung, Frauenkreisen, Selbstliebe-Training, Social Panorama Consulting, Mental Space Psychology, Systemische Beratung, Supervision, Executive Business Coaching und vieles Wundervolle mehr, was das ganzheitliche Wirken umfasst.

Keynotespeakerin und Podcasterin Alexandra Wilmsmann-Hiller versteht es, ihre Leserinnen und Leser auf eine Reise mitzunehmen, die nicht nur das Verständnis für die Liebe vertieft, sondern auch die eigene Persönlichkeit stärkt.

Sie ist eine Expertin auf dem Gebiet der zwischenmenschlichen Beziehungen und inspiriert dazu, mutig zu sein und den eigenen Träumen zu folgen. Mit ihrem modernen Methoden-Mix aus Coaching, Psychotherapie und Potentialentfaltung hat sie bereits über 5.000 Menschen geholfen, ihr volles Potential zu entfalten und ihre Ziele zu erreichen.

Mit ihrer Fähigkeit, komplexe Themen leicht verständlich zu erklären und inspirierende Geschichten zu erzählen, hat sich Alexandra Wilmsmann-Hiller einen Platz als eine der gefragtesten Expertinnen auf ihrem Gebiet verdient.

Ihr Buch „Katapult ins Liebesglück" ist ein Muss für alle, die ihr Liebesleben verbessern und eine erfüllte Beziehung auf Augenhöhe führen möchten.

» **Meine Religion ist Liebe. Jedes Herz ist mein Tempel.** «

Rumi

» Angst vor
Veränderung
– verständlich!

Nichts ändern
– unverzeihlich! «

Janine Rossen

Liebe Leserin, ich richte mich in diesem Buch mit einem HERZENSAPPELL an dich:

Habe Spaß bei allem, was du tust! Genieße das Leben und unbedingt auch diese Zeilen. Mein ganzes Buch ist der Tiefe meines Herzens entsprungen. Meine Mission ist die Liebe!

Die Urkraft der Welt ist Liebe und Verbindung.

In uns steckt viel zu viel Liebespotential, als dass wir uns mit dem Gegenteil beschäftigen sollten! Lasst uns der Göttin in uns Liebe schenken. Diese steckt übrigens in JEDEM und JEDER in uns. Ich richte mich an alle. Ganz gleich ob androgyn, bigender, weiblich, männlich, genderqueer, intersexuell, homosexuell, pangender, geschlechtslos, Transmensch: **Wer wen liebt und welches Geschlecht hat, ist mir völlig egal! Liebe ist Liebe! Dieses Buch richtet sich an alle Menschen, die wachsen und lieben wollen.**

Dass ich explizit Frauen anspreche, liegt einzig in meinem Mentoring begründet. Dass ich andere Geschlechter in der Ansprache ausklammere, dient einzig und allein der Verständlichkeit des Buches – im Herzen ist es für alle und grenzenlos! Tief im Herzen richtet sich mein Buch natürlich auch an Männer und alle, die sich als solche fühlen. Möge es ihnen helfen, die Frauenwelt besser zu verstehen und zu lieben. Bezieht die wertvollen Impulse gerne auf eure aktuelle und individuelle Situation, denn jede einzelne hat ihre Berechtigung, wenn das Herz es sagt!

» **Wo immer du bist und was immer du tust, sei verliebt!** «

Rumi

Dies sollte unser tägliches Mantra sein,
denn nur so wachsen wir alle!

Inhalt

Geleitwort

Sansara Wilberg & Sadhu Eden

» In einer therapeutischen Supervision durfte ich feststellen, von welcher Liebe die Klarheit ist, die Alexandra ihren Klientinnen gibt. Alexandra verkörpert in ihrer Arbeit pure Klarheit, die einem wolkenlosen, klaren, blauen Himmel gleicht.
Das ist pure Liebe." «

Sadhu Eden

Liebe Leserin,

wir sind überglücklich, dir das Buch „Katapult ins Liebesglück" von Alexandra Wilmsmann-Hiller ans Herz legen zu dürfen. Alexandra ist eine wundervolle Frau, die mit ganzem Herzen ihre Mission verfolgt, andere Frauen auf den Weg zu einer erfüllten Liebe und in die Weiblichkeit zu begleiten. Wir haben Alexandra vor vielen Jahren als Trainee in unserer Körperpsychotherapie Ausbildung kennengelernt und waren von Anfang an von ihrer liebevollen und professionellen Art und ihrer Motivation fasziniert.

Es berührt uns, dass Menschen, die den Weg mit uns teilen, mit einer so kraftvollen Mission in die Welt aufbrechen. Als Körperpsychotherapeuten arbeiten wir daran, Traumata und Glaubenssätze zu lösen, die Menschen daran hindern, glückliche Beziehungen zu führen. Als Paar- und Sexualtherapeuten wissen wir, wie wichtig es ist, sich mit seiner Sexualität zu verbinden und die eigenen Wünsche und Bedürfnisse zu erforschen, um eine erfüllte Beziehung zu führen. Nur wer das Embodyment-Konzept des Zusammenspiels von Körper, Psyche und Umwelt versteht, kann andere so einfühlsam wie Alexandra in die Kraft der Emotionen führen. Auch in ihrer Arbeit geht es um die Lösung von Glaubenssätzen, die sich oft als Glaubenshaltungen oder Energieblockaden zeigen und uns daran hindern, das Potential zu entfalten und erfüllte Beziehungen zu führen.

In „Katapult ins Liebesglück" zeigt sie, wie wichtig es ist, als erstes bei sich aufzuräumen und sich selbst anzunehmen und zu lieben, bevor man eine erfüllte Beziehung führen kann. Mit ihrer liebevollen Art und ihrer Hingabe unterstützt sie Frauen auf ihrem Weg zu einem erfüllten Liebesleben und einer Potentialentfaltung dank ihrer ganzheitlichen Methoden.

„Katapult ins Liebesglück" ist ein Buch, das uns tief berührt hat. Es ist nicht nur für Frauen, sondern für jeden, der sich für das Thema Liebe und Beziehungen interessiert, von unschätzbarem Wert. Wir sind von ganzem Herzen davon überzeugt, dass dieses Buch vielen Menschen dabei helfen wird, ihre Beziehungen aktiv anzupacken und sich in der Liebe weiterzuentwickeln. Es ist ein Werk, das unzählige Erfahrungen aus der Praxis und wissenschaftliche Erkenntnisse mit spirituellen Kontexten auf eine erfrischende und zugleich tiefgründige Weise verbindet.

Und hier sind unsere 5 Gründe, warum jeder das Buch „Katapult ins Liebesglück" von Alexandra Wilmsmann-Hiller lesen sollte:

1. Das Buch ist eine wunderbare Anleitung für Frauen, die auf der Suche nach einer erfüllten Liebe zu sich selbst sind. Und das Buch ist nicht nur für Frauen, sondern für jeden geeignet, der sich für das Thema Liebe und Beziehungen interessiert.

2. Es gibt zahlreiche Übungen und Praktiken, die dabei helfen, eine erfüllte Beziehung mit sich selbst und zu anderen zu führen.

3. Das Buch gibt wertvolle Impulse, wie man seine Sexualität erforschen und ausleben kann.

4. Es zeigt, wie man sich von ungesunden Beziehungen lösen und eine gesunde Beziehung beginnen kann.

5. Es ist eine inspirierende Lektüre, die Mut macht, den eigenen Weg zu gehen und sich für eine erfüllte Beziehung zu öffnen.

Wir empfehlen „Katapult ins Liebesglück“ von Alexandra Wilmsmann-Hiller und die Arbeit mit ihr von ganzem Herzen und wünschen dir viel Freude beim Lesen.

Viel Liebe senden

Sansara Wilberg & Sadhu Eden

www.koerpertherapie-ausbildung-berlin.de

Vorwort von Adrian Schweizer

Bevor Sie weiterblättern, lesen Sie bitte noch einmal den Titel dieses Buches!

Im Untertitel steht: „Befreie die Schöpferkraft der Göttin in dir!“ Das Verb ist hier wichtig: „befreien“. Wenn etwas befreit werden soll, ist die Vorannahme, dass die Göttin im Moment eingesperrt ist, oder? Wie ein Gefangener in einem Verlies. Reicht es dann, wenn dieser Gefangene sich einfach jeden Tag und immer wieder einredet, er sei frei? Mit Sicherheit nicht! Wenn er wirklich frei sein will, muss er etwas mehr tun. Vielleicht gegen seine Verurteilung rechtlich vorgehen oder dem Wärter den Schlüsselbund stehlen und dann versuchen, die vielen Sicherheitstüren, die noch vor der Freiheit stehen, zu überwinden.

Was will ich damit sagen? Ich will damit sagen, dass es nicht reicht, wenn man sich ins Liebesglück katapultieren will, sich einfach mantramäßig immer wieder zu sagen: „Ich bin attraktiv und begehrenswert.“ Das ist der erste Schritt. Ein zweiter muss folgen.

Wenn wir das nicht tun, haben wir bald die Zustände, die, wie wir bei YouTube sehen können, scheinbar in Amerika im Moment auf dem Dating-Markt herrschen: Jede junge Frau redet sich ein, sie sei eine „10“ und ihr würden nur die Männer zustehen, die mindestens 1,82 m groß sind, mindestens 100.000 € pro Jahr verdienen und eine „slimmer-trimmer-figure“ haben. Dies sind statistisch gesehen etwa 1 % der Männer, die diese Bedingungen erfüllen und auf die fast 100 % der Frauen stehen. Diese Illusion führt dann auch in den meisten Fällen in die Katastrophe, wenn die Frauen dann nach der Heirat bemerken, dass Männer, auf die auch alle anderen Frauen stehen, kein großes Interesse an einer einzigen Frau haben. Scheidung mit zwei Kindern mit 37. 80–90 % von den Frauen eingeleitet! Wie groß ist denn die Chance, dass eine geschiedene Frau mit zwei Kindern einen neuen Lebenspartner findet, der ebenfalls wie ihr Ex 80 % seines Einkommens an seine Ex und an die Kinder abführen muss?

Also: Der zweite Schritt besteht darin, zu prüfen, ob ich wirklich glaube, dass ich als Frau begehrenswert, schön und wertvoll bin. Da kommt dann meistens die große Ernüchterung: Anstatt, dass der tausendstimmige Engelschor in mir jubiliert „Genauso ist es!“, schreit mir ein Herr von Miserablen entgegen: „Vergiss es! Du bist wertlos, hässlich und niemand liebt Dich!“ Und so wird es dann auch, denn das Leben entwickelt sich aus dem, woran wir wahrhaftig und wirklich glauben.

Woher kommt das? Die Neurobiologie weiß heute, dass unser Leben hauptsächlich von den Erfahrungen geprägt wird, die wir vor dem zehnten Lebensjahr gemacht haben. Und die sind in unserer Gesellschaft, wo wir in den letzten Jahrzehnten in Kleinfamilien aufgewachsen sind, in welchen die Eltern unter einem großen Leistungsstress gestanden haben, oft nicht sehr angenehm.

Zum Glück gibt es Abhilfe, und da weiß Alexandra, wie diese funktioniert: Man kann diese Prägungen heute finden und umprägen! Es ist tatsächlich nie zu spät, eine glückliche Kindheit zu haben. Ob wir uns diese aber emotional-körperlich neu konstruieren oder ob wird es dabei belassen, dass wir glauben, „ich werde immer alleine zurückgelassen!“, weil Papa und Mama in die wohlverdienten Ferien gegangen sind, wie wir 4 Jahre alt waren, und uns bei der Tante „abgestellt“ haben. Zusammen mit der großen Schwester, die uns eh nicht mag. „Einmal 2 Wochen ohne die Plagen!“ Wir haben die ganze Zeit vor lauter Einsamkeit und Wut nur geweint und getrotzt. Aus eigener Erfahrung kann ich sagen, dass es ein anderes Leben ist, wenn man glaubt, man sei willkommen, oder wenn man glaubt, man sei es nicht.

Ich wünsche Ihnen viel Spaß bei der Lektüre dieses Buches. Vor allem aber viel Erkenntnis, denn Alexandra hat vermutlich nicht so unrecht, wenn sie schreibt: „Angst vor Veränderung – verständlich! Nichts ändern – unverzeihlich!“

Adrian Schweizer

www.adrianschweizer.ch

Einleitung

> Lieben und geliebt zu werden ist niemals an eine Bedingung von außen geknüpft.

„Wie bitte?! Seit so langer Zeit begegnen mir die Falschen und ich werde ständig enttäuscht.“ So oder so ähnlich wird es dir sicherlich schon ergangen sein. Wie die meisten habe auch ich bereits vergeblich nach der Liebe in meinem Leben gesucht. Nach meinem Mr. Right, der sich irgendwie nicht zeigen wollte. Lange Zeit wäre ich niemals auf die Idee gekommen, die Ursache in mir selbst zu suchen. Es ist nicht so, dass ich mich selbst nicht mochte oder mich unansehnlich fand. Im Rückblick fehlte mir an einigen Stellen der Mut, ich selbst zu sein. Zu akzeptieren, dass in mir genau wie in dir die Schöpferkraft einer Göttin steckt. Das mag dich jetzt etwas überrumpeln, was absolut verständlich ist.

Kraft, Göttin, Liebe – es kann sogar sein, dass diese Begriffe wie ein Fremdkörper auf dich wirken. Die Arbeit an sich selbst und die vielen Angebote dazu mögen verwirrend sein. Vielleicht hast du auch schon eine Erfahrung gemacht, die dich nicht weitergebracht hat. Gib dir und mir an dieser Stelle die Chance und tauche in meine Ideen gerne ein! Vor allem dann, wenn dich schon lange (Selbst-)Zweifel plagen.

Wir gestehen anderen Frauen zu, dass wir sie toll finden und bewundern. Selbst werten wir uns jedoch so oft ab und das Schlimmste ist, dass es uns nicht einmal bewusst ist. Komplimente prallen ungehört an uns ab und wir selbst sind unsere härtesten Kritikerinnen. In meiner Arbeit begegnen mir tausende wundervolle Frauen. So unterschiedlich sie auch in ihrem Naturell sein mögen, alle umgibt ein verbindendes Moment: Die wenigsten können sich selbst aus freiem Herzen lieben und annehmen, dass sie energetisch stark sind und von Geburt an eine Göttin in sich tragen.

Diese wundervolle Kraft weiblicher Energie, die betörend alles umhüllt.

Schön sind immer nur die anderen, was überwiegt, sind Scham und Zurückhaltung. Solltest du dich in dieser Schilderung wiederfinden, bist du mit diesem Buch genau am richtigen Punkt angelangt.

Leider nimmt das Leben oft Wendungen, die wir natürlich nicht bewusst geplant haben. Über Nacht geschieht es nicht, dass wir es als Risiko empfinden, wir selbst zu sein. Es ist ein schleichender Prozess, der sich oft nach Jahren unbewusst darin zeigt, dass wir ewig Suchende sind. Die unerfüllte Sehnsucht nach Glück, Mangel in den Finanzen und eine Enttäuschung nach der anderen in der Liebe sind die Ergebnisse, die völlig normal erscheinen. Uns wird seit Ewigkeiten suggeriert, dass es unser Schicksal sei und/oder dass wir Opfer der Umstände sind. Sind wir aber nicht. Zu lieben und sich nach dem Glück in der Zweisamkeit zu sehnen, ist ein Urinstinkt in uns. Im Laufe der Zeit ändern sich Grundbedürfnisse, da uns das Leben mit seinen Einflüssen prägt. An manchen Stellen reicht das, was uns einmal glücklich gestimmt hat, nicht mehr aus.

In einer unglücklichen Partnerschaft zu verharren oder den Richtigen zu suchen, ist ein weitverbreitetes Phänomen. Die gute Antwort zu Beginn ist, dass wir alle die Fähigkeit zur großen Liebe haben. Unbequem ist, dass die wahre Kompetenz der Liebe in uns beginnt und es etwas Arbeit mitbringt. Eine kleine Entwarnung: Dies alles klingt dramatischer, als es ist. In meinem Buch nehme ich dich mit auf eine Reise zu dir selbst, die emotional, intensiv und wunderschön ist.

Eine erfüllte Liebesbeziehung ist keine Glücksache, sondern eine Frage persönlicher Entscheidung für sich selbst.

Es ist keine Schande, wenn du dein wahres Potential in dir noch nicht erkannt hast. Das geht vielen so und liegt an zahlreichen Faktoren. Es kann sein, dass auch deine Mutter und deren Mutter schon Muster gelebt haben, die bis in dein Leben heute hineinragen. Unbewusst wird über Jahrzehnte ein Bild von sich und der Liebe weitergereicht, das uns alle bremst. Es bleibt halt in der Familie. Uralte Lasten werden häufig nicht erkannt und damit verbunden auch die Ursache für Unzufriedenheit. Jede Familie hat ihre Sonnen- und Schattenseiten. Das ist keine Ermutigung zum Vorwurf gegenüber unseren Familien, denn unsere Großeltern und Eltern hatten ebenso ein Päckchen aufgrund des Erlebten zu tragen und wussten es selbst nicht besser. Aber ist es nicht schön, dass wir heute die Möglichkeit haben, Prozesse und Ursachen zu erkennen und sie dann auch noch lösen zu können? Alte Verletzungen bleiben häufig als Geheimnis bestehen und ziehen sich wie ein roter Faden durch mehrere Generationen. Das muss nicht sein!

Wir werden nicht einfach so in den Familienverbund geworfen und entfalten unsere Potentiale unberührt von unseren Ahnen. Der Einstieg in eine Familie ist wie der Sprung von einem Fünfmeterbrett ins kalte Wasser. Hinein in die Geschichte, die alle Familienmitglieder begleitet. Das muss nicht bedeuten, dass ein glückliches und selbstbestimmtes Leben per se nicht möglich ist. Ganz im Gegenteil – wir sind grenzenlose Wesen, wenn wir uns dafür entscheiden. Alles steht uns offen, wenn wir es wollen. Eine gute Nachricht ist, dass nichts schiefgehen kann, wenn wir hinsehen. Kommt irgendeine Unzufriedenheit im Leben auf, gibt es eh eine Art Missstimmung, die wie eine Entzündung unbemerkt mitschwingt. Stellen wir uns also Themen, mit denen wir unglücklich sind, bringen wir eine Energie in Gang, die immer einen Aufbruch symbolisiert.

Alles ist besser als Stillstand, auch wenn sich Veränderung zu Beginn komisch anfühlt.

Es mag noch seltsam klingen, dass Erlebtes, Glaubenssätze und Überzeugungen von deiner Großmutter zum Beispiel heute deine Beziehungen prägen sollen. Zum Einstieg belasse ich es jetzt dabei. Verständnis muss nicht von heute auf morgen wachsen. Den frisch gesäten Samen brüllen wir am Tag nach der Saat auch nicht gleich an, weil über Nacht noch keine vollständige Blüte gewachsen ist. In diesem Buch möchte ich dir mit jedem Kapitel stetig und nachhaltig neue Perspektiven zu Partnerschaft und Liebe eröffnen. Mein Ziel ist es, dass du eine neue Sichtweise auf die Liebe zu dir selbst erfährst und dich gut fühlst.

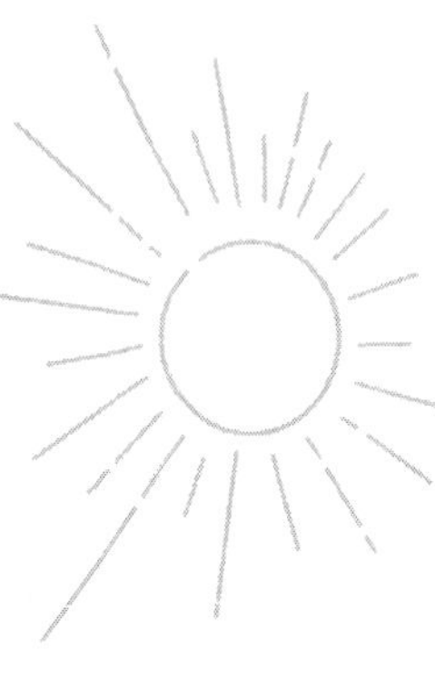

Schön, dass du da bist!

... Als gäbe es nicht schon genügend Bücher zur Liebesfähigkeit, oder? Meins jedoch erblickt zum ersten Mal das Licht der Welt: Grund genug, liebe Leserin, in mein Werk als tiefe Vision meines Herzens für dein Leben einzutauchen. **Dieses Buch ist Teil meines Lebens und Ausdruck meiner entdeckten Liebesfähigkeit, deren Strahlkraft auf jede bezaubernde Frau da draußen abfärben darf.**

Wie wir augenblicklich wahrnehmen, lieben und fühlen, hat nichts damit zu tun, was wir tief in uns für Liebe empfinden können. Sind wir seit Langem auf der Suche nach einer Partnerschaft, bedeutet das nicht, dass wir dazu nicht im Stande sind. Im Grunde unseres Herzens können wir alle lieben. Oftmals wurden uns nur Muster vorgelebt, die uns an uns selbst zweifeln lassen. Tief in uns sind unendliche emotionale Fähigkeiten verankert, die es freizulegen gilt. Es mag sein, dass die Liebe in dir unter vielen erlernten Mustern begraben ist. Geprägt wurden wir von unseren Familien, dem Umfeld und der Gesellschaft, in der wir uns seit Jahrzehnten bewegen. Stelle dir deine Liebesfähigkeit, deinen strahlenden Kern, als eine Art ungeschliffenen Diamanten vor, den wir gemeinsam ausgraben und polieren. Wir bringen deine Beziehungsfähigkeit zum Erstrahlen. Ganz nach deinem Tempo und so, wie es sich gut anfühlt.

Mein Mann und ich beschäftigen uns täglich mit der Frage, was uns alle lebendig macht und was überhaupt „lebendig" bedeutet. Für uns ist es die Empfindung, Entfaltung oder auch die Wiederentdeckung der Liebe. Ist diese im Fluss, fühlen wir uns lebendig. Der tiefen Überzeugung nach gibt es keine vergleichbare Urkraft, die uns derart leitet, inspiriert und beflügelt. Somit ist es meine Vision, die Liebe in die Gesellschaft zurückzuführen. Die Mission ist es, dies durch mein Mentoring und in unserer Praxis aktiv jeden Tag zu gestalten. Als **lebendigMACHER** stehen wir an der Seite von Menschen, die aufgrund unterschiedlichster Wünsche und Erfahrungen den Weg zu uns finden.

Ein unrühmlicher Trend am Markt ist es, Geschichten des Erfolgs und der großen Liebe zu erzählen, in denen sich der Empfänger nicht wiederfindet. Es wird so viel Verwirrung gestiftet, bis der Interessent aus purer Verzweiflung zum Kunden wird. Doch wie beginnt man gute Beispiele, bei denen du nicht nur liest, sondern auch fühlst? Das Zauberwort im Leben ist Authentizität: **Mein Buch ist Ausdruck meiner Selbst.** Du wirst mich im Laufe dieses Buches besser kennenlernen und damit verbunden mein Innerstes. Nur wenn du weißt, was du brauchst, was du willst, kannst du wachsen und aufblühen. Das habe ich für mein eigenes Leben erkannt und bin auf dem Weg zur Liebe selbst durch die Prozesse gegangen, die ich dir in diesem Buch darstelle.

Es warten viele Themen auf dich. Selbstakzeptanz, Achtsamkeit, Bewusstsein, mentales Wohlbefinden ...

Der wichtigste Mensch in deinem eigenen Leben solltest am Ende immer du selbst sein!

Wie oft vergessen wir das in unserem Alltag, weil uns andere Themen, Dinge oder Aufgaben viel wichtiger erscheinen. Meine provokante These dazu lautet, dass uns jedes Mittel recht ist, das uns von uns selbst ablenkt. Blicken wir auf die Außenwelt, verharren wir in Gewohnheiten, die uns im Zweifel schon lange ablenken. Geht es den Freundinnen schlecht, nehmen wir uns die Zeit. Die liebevolle Beraterin steckt irgendwie in uns allen. Leider behandeln wir uns selbst oft nicht so wertschätzend. Statt achtsam den Signalen unserer Seele Aufmerksamkeit zu schenken, sind wir zu sehr mit Geplapper im Außen beschäftigt. Die Zeit für die beste Freundin, Schwester, Nachbarin oder Kollegin ist sicherlich edler Natur. Doch zahlt das Investment jedes einzelne Mal auf dein persönliches Glück ein? Denke einen Augenblick darüber nach und sei ganz ehrlich zu dir selbst. Gerne darfst du mir auch widersprechen. Tief innen jedoch wird die Wahrheit in dir vorhanden sein ...

Nein, ich rufe nicht dazu auf, dass wir zu Egoisten im toxischen Sinne werden sollen. Ganz im Gegenteil – mit der Liebe, die im Fokus meiner Arbeit steht, möchte ich auch die Liebesleere ablösen, die unsere Gesellschaft umgibt. Mein Wunsch ist, dass wir uns nicht aus dem Herzen verlieren und uns im ersten Schritt in uns wohlfühlen lernen. Eine verlässliche Freundin, Partnerin und Frau in der Gesellschaft zu sein, ist der zweite Schritt.

Von der Liebesleere in die Liebesfülle

Der Begriff Liebesleere klingt im ersten Moment gewaltig, das gebe ich zu. Was sagst du, wenn ich sie als großen Bestandteil unserer Gesellschaft ansehe? Auch wenn es doch so dramatisch gar nicht zu sein scheint, sind 41 Prozent der Menschen in Deutschland alleinstehend. Single. Im ersten Moment klingt es normal, dass Menschen in einer modernen Welt unabhängig und frei sind. Stimmt. Das gehört zur Kultur dazu und die klassische Rollenverteilung von damals in Beziehungen ist eh dem modernen Bild gewichen. Nur meine ich das nicht, denn mein Buch und meine Arbeit sind natürlich kein Appell für Co-Abhängigkeit. Als Menschen sind wir soziale Wesen und tief in uns ist ein Urbedürfnis nach Verbindung, das uns antreibt. Somit stehen die Trends des Singlelebens unseren Urbedürfnissen gegenüber. Solltest du schon lange Single sein und dich in deinem Leben gut eingerichtet haben, glaube ich dir das absolut.

Das Verständnis für die Notwendigkeiten wecken.

Und mir darfst du im Gegenzug glauben, dass tief in uns allen ausnahmslos dieser Antrieb nach einer Paarbeziehung steckt. Selbst dann, wenn wir von mir aus auch seit 20 Jahren ohne Partner leben. Woher kommt es, dass so viele alleine sind und die Notwendigkeit nach Veränderung gar nicht erst wahrhaben wollen? Wenn ich nichts wahrnehme, brauche ich auch nichts zu verändern ... Diesem Trend habe ich den Namen „Liebesleere" gegeben. Das klingt dramatisch und ist es im Grunde in der Auswirkung auf lange Sicht auch, denn Herzen verkümmern, wenn sie keine Liebe leben.

Bereits ein einziges liebes Wort kann den Tag eines Menschen verändern. Das gleiche gilt für schöne Gedanken. Was, wenn du dieser Mensch bist, dessen Leben reicher wird? Ich würde einiges darauf wetten, dass du im ersten Moment eben nicht an dich selbst gedacht hast. Sprechen wir von Selbstliebe und Liebe, hat dies auch mit Grenzen zu tun. Grenzen, die wir setzen oder austesten. Ein Ja zu einem Menschen ist oft auch ein Nein zu uns selbst und dem, was uns guttut. Jeder von uns hat individuelle Grenzmarken – selten haben zwei Menschen ähnliche. Dieselben schon gar nicht. Deshalb ist es wesentlich, dass wir das kultivieren, was wir wollen, um alles andere aus unserem Leben zu verabschieden. Die Begrenzung von Liebe ist gesellschaftlich weggebrochen, seit die zwingende Notwendigkeit von Beziehungen weggefallen ist. Nüchtern gesagt bedeutet es, dass Frauen die Beziehung und Ehe nicht mehr zur Versorgung brauchen – sie können sich, humorvoll ausgedrückt, ihre Schokolade selbst kaufen. Beziehungen haben auch dahin einen massiven Wandel erfahren, dass Frauen selbstbestimmt sind. In den meisten Fällen bestehen keine reinen Versorgungsehen mehr. Keine arrangierte Ehe, in der die beiden Beteiligten unter Zwang der Familien an ausgewählte Partner vermittelt werden. Wenn geliebt wird, dann, weil man sich im besten Fall gegenseitig verliebt und liebt. Und weil alle Freiheiten bestehen, scheint die Auswahl noch schwieriger zu sein. Zentral sind individuelle Freiheiten, die Wahl zu haben – eine Eroberung, die wir mit dem dauerhaften Singleleben irgendwie dennoch mit Füßen treten. Hä, was denn jetzt? Das hat sich doch eben noch alles so gut angehört!

Das Spiel zwischen Autonomie und Verbundenheit.

Die Loslösung von Abhängigkeiten in Beziehungen ist einem Drang nach Freiheit und Selbstbestimmung gewichen. In Folge ist eine neue Form von Unterwerfung entstanden, nämlich die zur Missachtung der eigenen Bedürfnisse. Nur weil eine Verbindung zum Überleben nicht nötig ist und wir Frauen stark sind, sehen wir nicht mehr auf unsere Wurzeln und verlernen, wahre Liebe zu leben. Während wir damals als Gesellschaft nicht hinsehen mussten, weil vieles arrangiert war, blenden wir heute aus, weil wir alleine eine gute Partie abgeben. Wie oft reden sich meine Klientinnen unter dem Deckmantel der Selbstbestimmung ein, dass sie keine Beziehung brauchen und ihre Freiheit genießen, obwohl sie tief innen Partnerschaft leben wollen. Es ist im Grunde ein Weglaufen vor der eigenen Wahrheit, der Geschichte der Ahnen und der Liebe. Dieses Buch ist kein Zwang zur Liebe und keine Idealisierung. Es ist eine liebevolle Anleitung zur Entfaltung. Ein liebevoller Umgang mit dir selbst ist es, den du wiederfinden darfst.

Was denkst du, wenn ich dir auf dieser Reise sage, dass eine erfüllte Paarbeziehung nicht nur unserem Urbedürfnis entspricht, sondern der absolute Spiegel der Freiheit ist? Zumindest dann, wenn du die Reise der Heilung mit mir gehst und zu einer gesunden Partnerschaft findest, in der du dich an erster Stelle selbst liebst.

Liebesglück und Schöpferkraft stecken in jedem von uns

Wenn der Ursprung in uns der Funke zu Liebe und Partnerschaft ist, warum sträuben wir uns so oft dagegen, uns zu binden? Weil wir Schmerz erfahren haben, der in uns Angst vor Herzöffnung und Liebe weckt. Trend der vergangenen Jahrzehnte war es, alleine zu sein. Eine Scheidungsquote von 40 bis 50 Prozent galt lange als ein „Sich-ausprobieren". Lag die Quote laut Statista um 1960 noch bei 10,6 Prozent, war sie 2005 auf einem traurigen Höhepunkt von über 51 Prozent angelangt. Mehr Freiheit zur Entscheidung, mit wem wir uns

Angst vor Herzöffnung verhindert Liebesglück.

binden, führt offensichtlich auch zu mehr Unsicherheit und gleichzeitig auch Unvermögen, Beziehungen langfristig zu pflegen. Der Trend geht heute deutlich dahin, dass Menschen im stetigen Wandel sind und als Teil eines neuen Bewusstseins mehr wollen.

Mehr als zwangsweise herbeigeführte Verbindungen und mehr als ein dauerhaftes Singleleben. Hinzu kommt, dass wir in einer Zeit der Extreme leben. Um uns herum häufen sich die Chancen, Möglichkeiten und auch Wege in die Exzesse. Ein Überfluss von allem und ein permanenter Zugang zu allem treffen auf mangelndes Wissen. Es gibt eine Flut an Bildern und Infos rund um die Uhr – überall auf dem Globus immer und überall zur Verfügung. Wischen nach rechts und links, strahlende Bilder und aufgehübschte Profile im Online-Dating. Und was bringt diese vermeintliche Fülle?

Meines Erachtens nach nichts, denn es ist Ablenkung von unseren wahren Wünschen. Lange Zeit wurden falsche Helden aufgebaut. Das andere Geschlecht (oder wahlweise das gleiche) zu missachten und aus seiner individuellen Realität auszuklammern, war beinahe ein Trend. Und nun taucht eine neue Innenschau als Chance für die Gesellschaft auf. Viele begreifen intuitiv, dass Liebesglück und Schöpferkraft irgendwo in jedem von uns vergraben sind.

Das erklärt auch, warum immer mehr Menschen dieses eine Katapult nutzen wollen, um emotionale Gesundheit zu erzeugen, die dann zur Liebe führt. Kritiker mögen an dieser Stelle sagen, dass eben dieses Katapult – eine professionelle Beratung und ein Mentoring – ein modernes

Tool ist, das ebenso wenig dem ursprünglichen Potential entspricht. Das ist jedoch kein treffendes Argument für die Verdrängung der wahren Bedürfnisse. Mentoren unterstützen das, was von Natur aus in uns angelegt ist. Wie Menschen an ihr Ziel der Liebe und Selbstliebe kommen, ist am Ende egal.

Jeder ist am Ende ein einzelner Baustein des großen Ganzen im Miteinander. Und wenn Klientinnen durch mein Mentoring Erfolge feiern und sich entdecken, ist das ein wundervolles Ergebnis. Jeder einzelne Termin in meiner Praxis ist eine Bearbeitung von Scheinbildern, die über Generationen entstanden sind. Eine Mammutaufgabe, nachdem über lange Zeit Desinformation und Spaltung mit erheblichem Aufwand betrieben wurden. Wer dies einmal erkannt hat, wird nicht mehr wegsehen können. Der Funke, dass Liebe die Antwort ist, wird dann zur treibenden Kraft ganz aus uns selbst heraus.

Was ist eigentlich Liebe?

Die Reise durch deine inneren Welten und zur glücklichen Partnerschaft ist die Achterbahnfahrt, die zurück zur Quelle führt. Auch ich hatte die Zweifel in meinem Kopf, diffuse Zeichen der Unsicherheit auf dem Weg zu dem, wer ich wirklich bin. Falls du glaubst, dass es besser wäre, die Reise doch nicht anzutreten, kann ich dich beruhigen. Jeder von uns ist ganz Viele und wird ein Wechselbad der Gefühle durchlaufen. „Dann bleibe ich doch lieber alleine und weiß, was mich erwartet." Verständlich – unser innerer Saboteur kann schon ein überzeugendes Kerlchen sein. Haben sich die Unruhe und Muster der Familie als normaler Zustand etabliert, nehmen viele lieber in Kauf, sich unwohl zu fühlen, als sich in das Neue, das Unbekannte zu begeben. Meine Arbeit regt dazu an, auf dich selbst zu schauen. Auf das, was du bist und kannst. Auf alles, was tief in dir schlummert. Vieles davon wirst du bereits vermisst haben und manche Talente schlummern unerkannt in dir. Du wirst wahrscheinlich eine Ahnung haben, dass viel mehr in dir steckt, als du dich bisher zu entdecken traust.

Mag sein, dass es sich noch komisch anfühlt, dass du auf einmal du selbst sein darfst. Doch die Begrenzung steckt nur in uns selbst: Von außen gibt es nichts, was uns verbietet, wir selbst zu sein! Zurück zum Glück zu finden, bedeutet, die unterschiedlichen Facetten anzunehmen. Die Gesellschaft und in ihr lebende Familien entwickeln über lange Zeit Schablonen des Umgangs zu bestimmten Themen. Mit mir bekommst du eine Anleitung und Begleitung für die innere Befreiung. Der Prozess gestaltet sich unterschiedlich – je nach Erfahrung, Trauma und Umgang damit – individuell, dennoch gibt es eine gewisse Reihenfolge und gleiche Prozesse auf dem Weg zur Liebe. Ob wir wahre Liebe für wahr, wahrhaftig und existent betrachten, beantwortet eigentlich unser Unterbewusstsein. Denn selbst wenn wir aufgrund von Enttäuschung dem Verstand nach nicht mehr an die große Liebe zu glauben scheinen, spricht die tiefe Sehnsucht in uns eine ganz andere Sprache. Die Tatsache, dass sich Menschen nach Liebe und Partnerschaft sehnen, beweist, dass sie unerschütterlich ist. Eine Art Urbedürfnis.

Liebe ist ein Grundbedürfnis

Ich lade dich ein

Lasse dich inspirieren, triggern, vielleicht sogar glücklich machen oder wachrütteln, dass du über all die Themen ins Nachdenken kommst. Nutze die Stimme, die im Laufe des Buches in dir laut wird, und lasse dich lenken!

Gibt es die wahre Liebe? So oft werde ich das gefragt, weil sich viele Zweifel, Unglaube und gleichzeitig viel Hoffnung in dieser Frage verbergen. Nüchtern betrachtet ist die Liebe eine Frage des Glaubens, nicht aber nach ihrer Existenz. Gäbe es sie nicht, würden wir nicht nach ihr streben. Die Frage nach Liebe, ihrer Funktion und Existenz alleine ist schon so gigantisch, dass es fast unmöglich wäre, aus nur einer Perspektive dir all diese Antworten zu geben. Liebesfähigkeit ist auch Inspiration.

Vielleicht erzählst du anderen von meiner Vision, denkst über alle Impulse nach. Möglicherweise schreibst du darüber, malst ein Bild oder tust Dinge, die dich und dein Leben in Bewegung bringen. Bei mir geht es um diese geistige Bewegung, dieser ursächliche Antrieb, um aus der Starre, aus dem Gelernten zu kommen. Um den festgetrampelten Pfad zu verlassen und auch vielleicht auf einen neuen, einen anderen Weg zu kommen. Den des Herzens – hin zur Liebe!

Liebe ist ein Thema, das seit Jahrtausenden besungen, erforscht und beschrieben wird. Es ist ein Gefühl, das jeder von uns irgendwann im Leben erfahren hat, erleben will oder wird. Die Liebe kann in vielen Formen auftreten und wird als umfassendes Bild gezeichnet. Als romantische Liebe, Familienliebe,

Freundschaftsliebe – jede Form ist einzigartig und hat ihre individuellen Eigenschaften und Bedeutungen. Wahrscheinlich wirst du diesen Ausführungen zustimmen und nicken. Ist dir aber aufgefallen, dass die Liebe zu uns selbst in diesen Zeilen gar nicht genannt wird? Die romantische Liebe ist wahrscheinlich die am meisten bekannte und kultivierte Form der Liebe. Es ist dieses ganz besondere Verlangen nach Nähe, Zuneigung und Intimität mit jemandem, mit dem man eine besondere Verbindung hat. Diese Art der Herzenswärme ist oft mit starker Sehnsucht, Leidenschaft und emotionaler Intensität verbunden. Was vielen nicht bewusst ist: Wahre Partnerschaft beginnt im Herzen bei und mit uns selbst. Nur wer sich liebt, kann andere lieben. Auch wenn es abgedroschen klingen mag, ist es die Wahrheit.

Wahre Partnerschaft beginnt im Herzen.

Wir sollten uns individuell an erster Stelle nennen, wenn wir nach Liebe gefragt werden. Empfinden wir Achtung und Wertschätzung uns selbst gegenüber, ist auch die Paarliebe außen kein Mysterium mehr. Gesellschaftliches Narrativ ist jedoch, dass erst einmal im Außen geträumt und gedacht wird. Wie selbstverständlich stellen wir uns hintenan, obwohl wir die Hauptrolle in unserem Leben spielen sollten. Sich um sich selbst zu kümmern, ist als Selbstfürsorge der wohl wichtigste Schritt im Leben. Im Prinzip ist alles, was wir uns Gutes tun, ein Schritt zur befreiten Liebe.

Dieses Buch in deinen Händen spiegelt, dass du mehr über dich selbst erfahren willst und möglicherweise auch Anteile in dir erkennst, die es zu heilen gilt. Natürlich bedeutet die Liebe zu sich nicht, über Nacht auf einmal jeden Schalter in uns umzulegen. Liebe hat viele Muster und kann ebenso die vielen

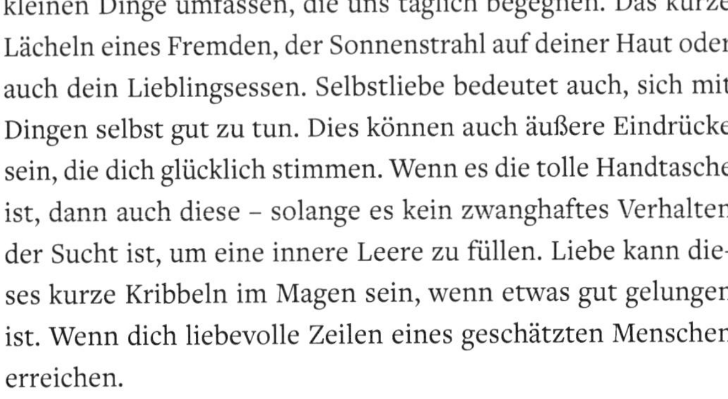

kleinen Dinge umfassen, die uns täglich begegnen. Das kurze Lächeln eines Fremden, der Sonnenstrahl auf deiner Haut oder auch dein Lieblingsessen. Selbstliebe bedeutet auch, sich mit Dingen selbst gut zu tun. Dies können auch äußere Eindrücke sein, die dich glücklich stimmen. Wenn es die tolle Handtasche ist, dann auch diese – solange es kein zwanghaftes Verhalten der Sucht ist, um eine innere Leere zu füllen. Liebe kann dieses kurze Kribbeln im Magen sein, wenn etwas gut gelungen ist. Wenn dich liebevolle Zeilen eines geschätzten Menschen erreichen.

Liebe steckt überall: in den kleinen und großen Dingen des Lebens.

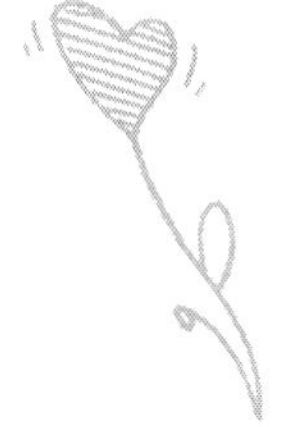

Während unter dem Begriff Liebe meistens alles „Schöne“ zusammengefasst wird, habe ich meine Deutung vor langer Zeit ausgeweitet: Der Weg zu uns selbst kann anfänglich überfordernd wirken und trotzdem kann die romantische Liebe zu uns selbst als der wahre Quell des Glücks und der Freude bezeichnet werden. Als Startpunkt zum Gelingen in allen Lebensbereichen. Vielleicht ist der Frieden mit dir selbst noch nicht greifbar. Es mag sein, dass alles weit und beschwerlich wirkt, jedoch ist es das nicht. Auch wenn du noch nicht erahnen kannst, wohin dich der Weg genau führt, ist das absolut okay. Wir alle dürfen Fehler machen, uns ausprobieren, testen, was uns guttut und was für unser Lebensgefühl funktioniert.

Was zahlt auf dein Glück ein? Wenn dir die Antwort nicht ad hoc in den Sinn kommt, ist das genau richtig! Wir alle gehen den Weg des Lebens, um zu lernen und zu wachsen, ohne dass alles auf der Stelle perfekt sein muss. Selbst diese Phasen der Unsicherheit sind Liebe, denn es ist ein Gefühl deiner Seele als Motor zu einem neuen Leben. Empfinden wir keine Zweifel oder Schwankungen, fehlt der Antrieb zur Weiterentwicklung.

Jede Form von Wahrnehmung ist somit als Signal unserer Sinne zu deuten. Unsere innere Weisheit spricht zu uns als Zeichen der Liebesfähigkeit, die in uns steckt.

Liebe als innerer Schutzraum

Eine starke und langlebige Beziehung zu dir selbst ist der Schlüssel zu einem erfüllten Leben. Das mag gewagt klingen in einer Welt, in der die Familienliebe zum Beispiel als beinahe einzige tiefe und unerschütterliche Form der Zuneigung gilt. Diese Bewunderung für die Familienmitglieder, die man als bedingungslose Vorgabe zu empfinden hat.

Ungeachtet der Tatsache, dass die eine außerordentliche Liebe, die über alle Herausforderungen und Konflikte hinweg besteht, wir selbst sind. Die Familie ist für viele Menschen ein wichtiger Unterstützungs- und Schutzraum, in dem sie sich geborgen und akzeptiert fühlen können. Natürlich kann familiäre Liebe auch die Bindung und den Zusammenhalt innerhalb der Familie stärken und helfen, schwierige Zeiten zu überwinden. Sie ist ein Schlüssel – leider auch für ein Misslingen, wenn es um erlernte Beziehungsmuster geht.

Veränderung erfordert Mut zum Hinterfragen erlernter bzw. übernommener Beziehungsmuster.

Freundschaftsliebe ist eine weitere Form von Liebe, der eine Menge Beachtung geschenkt wird. Diese tiefe Beziehung zwischen Freunden, die auf Vertrauen, Verständnis und Unterstützung basiert. Es ist eine Art von Liebe, die auf einer gemeinsamen Geschichte, Interessen und Werten aufbaut. Freundschaft kann eine große Quelle des Trosts und der Freude sein und kann dazu beitragen, dass man sich in schwierigen

Zeiten nicht allein fühlt. Freundschaft kann auch helfen, eine gesunde emotionale Balance aufrechtzuerhalten und kann eine wichtige Ressource sein, wenn man Unterstützung benötigt. Und doch ist auch sie niemals mit dem gesunden Bezug zu uns selbst vergleichbar.

Liebe ist Energie

Sicherlich wirst du mir zustimmen, dass Liebe das am meisten untersuchte Thema und gleichzeitig auch unerforscht ist. Unbekannt, weil uns ihre Überraschungen ein Leben lang begleiten und immer aufs Neue ungeahnte Gefühle und Verbindungen auftauchen. Aus dem wissenschaftlichen Blick heraus betrachtet, ist Liebe Energie.

Dann gibt es noch die systemisch-wissenschaftliche Betrachtung, die geschichtliche, die philosophische – die Auflistung könnte wahrscheinlich unendlich weitergehen. Der amerikanische Autor Ken Wilbers zum Beispiel beschäftigt sich auf sehr beeindruckende Art mit dem Thema Liebe im Rahmen der Integralen Theorie. Das „integrale Denken" oder auch die „integrale Weltsicht" bezeichnet eine Schule von Weltanschauungen, die sich um eine umfassende Sicht des Menschen und der Welt, oft auch des Geistigen und Göttlichen ganz allgemein, bemüht. Integriert werden rationale und spirituelle Gedanken. Wilbers teilt sein Modell in Quadranten ein, bei denen jedem für sich eine wesentliche Rolle zukommt. Inspiriert von diesem großartigen Mentor widme ich mich in meiner Arbeit besonders dem von Wilbers skizzierten Quadranten der Innenschau. Der subjektiven Betrachtung der Dinge.

Davon abgeleitet steht gerade bei der Untersuchung der Liebe die eigene Prägung im Fokus. Viel zu lange wirst auch du diesen Aspekt vernachlässigt haben. Und ich darf dir sagen, dass du nun deine Seelenkräfte entfesseln und hinsehen darfst! Was weißt du, was fühlst du, wo stehst du zu einem bestimmten Thema? Vielleicht wirst du dich jetzt fragen, wie du zu dir und deinem Leben selbst eine objektive Position zur Betrachtung einnehmen kannst. Ein guter Einwand und absolut plausibel! An dieser Stelle, an der Mentees im individuellen Bereich mit der eigenen Wahrnehmung und der Innenschau konfrontiert werden, stehe ich liebevoll zur Seite!

Bei der Entdeckungsreise zur wahren Liebe ist mein Ansatz, mit dir ganz besonders auf Erfahrungen zu schauen, die du als Kind gemacht hast. Um dann, im weiteren Verlauf des Mentorings, aktiv auf die Lösung, auf die persönliche Transformation hinzuarbeiten. Diese pränatalen, frühkindlichen und kindlichen Prägungen und Prägungen aus dem heranwachsenden Alter beeinflussen maßgeblich das, was wir heute an Erfahrungen zu Leichtigkeit und Lebendigkeit machen. Ebenso können natürlich auch spätere traumatische Erfahrungen prägend und einschneidend sein, auch wenn sich dies statistisch etwas seltener zeigt.

Die Beziehungsfähigkeit wird bereits sehr früh geprägt und beeinflusst uns ein Leben lang.

Am Ende geht es uns allen darum, frei lieben zu können. Wenn ich dir sage, dass der Grundstein für die Paarliebe im Babyalter gelegt wird, könnte das für Verwunderung sorgen. Frisch in der Welt ist unser Gehirn unreif oder noch nicht ausgeprägt, wenn wir auf unserem Planeten landen. Ein Kind ist noch nicht fertig „programmiert“ – es ist wie ein unbeschriebenes Blatt oder wie eine formatierte Festplatte, auf der noch keine Software aufgespielt wurde. Von der ersten Sekunde an beginnen wir, Impulse aufzunehmen, die unsere Beziehungsfähigkeit bewusst und unbewusst ausgestalten. Es geschieht eine laufende Prägung des wundervollen Gehirns – ein Symbol für die Transparenz der Seele, die durch Erziehung, Bezugspersonen, später Schule, Clique, Hobbys etc. geformt wird. Dein jüngeres Selbst sammelt Erfahrungen, die sich heute in den Beziehungen jeglicher Art spiegeln. Die Umwelt wirkt sich auf irgendeine Art und Weise auf uns aus und fördert Annahmen und einprogrammierte Gedanken in uns, die wir Glaubenssätze nennen. Sie setzen sich allmählich in den jungen Gehirnen fest und beginnen, auf diese jungen Menschen zu wirken. Später werden aus den Glaubenssätzen Glaubenshaltungen entstehen. Das kann man bereits an der körperlichen Haltung und den Atemmustern vieler Menschen ablesen.

Glaubenssätze sind einprogrammierte Gedanken.

Die bloße Anwesenheit von Liebe oder Nicht-Liebe in unserer Kindheit, auch während unserer Geburt, unserer ersten Momente, unserer ersten Lebensstunden, wirkt sich absolut unbewusst in einer Sekundenschnelle darauf aus, wie wir Liebe oder Nicht-Liebe in Beziehungen fortan wahrnehmen. Genau betrachtet gleicht unser Geist einem Himmel, der von strahlend blau bis wolkenverhangen alles sein kann. Es gibt Regionen, in denen die Sonne ständig scheint, und in anderen Gebieten regnet es unentwegt.

Jede Erfahrung ist vergleichbar mit einem Glaubenssatz, der sich in uns einbrennt. Wusstest du, dass auch die komplette psychosexuelle Entwicklung im Alter von 0 bis 14 eine fast vollständige Prägung deiner Glaubenssätze, deiner Glaubenshaltung, deiner Betrachtungen ausmacht? Somit gibt unser Unter-

Deine unbewussten "Programme" steuern bis zu 90% Deines Lebens.

bewusstsein die Antwort darauf, ob die wahre Liebe in deinem Glaubenssystem wahrhaftig verankert ist. Ganz gleich, welche Gedanken dir jetzt durch den Kopf schwirren: Es ist niemals zu spät, am eigenen System etwas zu ändern. Dein Zeitpunkt ist genau jetzt da. Jetzt, da du auch dieses Buch in den Händen hast. Sicherlich schwirren viele Gedanken umher, wenn man zum Beispiel noch nie von der Prägung von der Geburt an gehört hat. Wir alle haben wahrscheinlich auch wenig schöne Szenen vor Augen. Erinnerungen an gemachte Erfahrungen. Diese spielen im Mentoring natürlich eine Rolle, denn Glaubenssätze und Glaubenshaltungen sind nachhaltig veränderbar.

Wir können Veränderung! Sie erfolgt nur, wenn wir uns dazu entscheiden, es zu tun. Denn sehr oft – und auch das ist gelernt und gut kultiviert, und vielleicht sogar gewollt – lieben wir unsere Probleme und unseren Mangel. Weil wir es nicht anders kennen. Die Impulse aus dem limbischen System sind viel schneller als das, worüber wir nachdenken. Und beliebt ist das, was uns vertraut ist. Selbst dann, wenn uns die gespiegelten Ergebnisse in 3D missfallen. Wir verlieben uns in unser Problem, da es so wohlbekannt ist.

Nachhaltige Veränderungen sind möglich!

Das heißt, wir verfallen viel schneller in eine Problemtrance und sehr oft suchen wir auch die Schuld im Äußeren, anstatt genau in die Innenschau einzusteigen. Anstatt sich Therapie, Coaching, Selbstcoaching, also die Arbeit mit sich selbst, die Persönlichkeitsentwicklung, wie man das auf Neudeutsch sagt, zu gönnen, wird im Alten verharrt. Begleitet vom Glaubenssatz, dass das Alte das einzig Existente ist.

Gibt es also wahre Liebe für jeden außerhalb der aufgebauten Gedankenwelten?

Ja, die gibt es, und ich mache es kurz: Wenn es wahre Liebe nicht gäbe, würdest du auch heute nicht hier mit meinem Buch in der Hand sitzen. Es gibt eine Macht, es gibt eine Energie, es gibt eine Kraft, die viel größer als wir beide, viel größer als die Menschheit, ist. Und diese Kraft nenne ich Liebe. Und wenn mich Menschen fragen, wem ich diene, was ist mein WARUM, ist die Antwort so leicht wie nichts anderes:

Ich diene der Liebe!

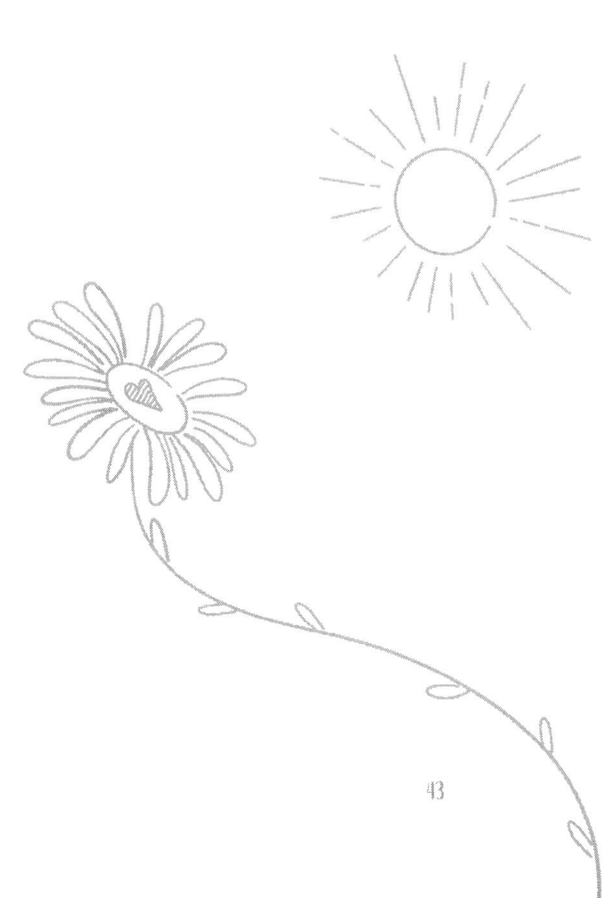

Blick in den Rückspiegel

» **Eine Wunde ist ein Ort, über den das Licht in Dich eindringt.** «

Rumi

Mir treten Tränen in die Augen, als eine Klientin gehobenen Alters gerührt vor mir sitzt und sagt: „Alexandra, dank der Arbeit mit dir kann ich endlich entspannt in den Rückspiegel meines Lebens sehen." Gedanklich schweife ich kurz ab und habe die vielen tollen Frauen vor dem inneren Auge, die sich ihrem Leben auf unterschiedlichste Art zugewandt haben. Ob wir es Rückspiegel, Reflexion oder Wendepunkt nennen, spielt dabei keine Rolle. Meistens verkörpert der besondere Punkt in der Entwicklung von uns Menschen sogar das alles. Dieser kleine Moment, in dem wir uns (scheinbar) auf einmal mit uns beschäftigen. Mit dem, was unser Herz ausmacht und was wir wirklich wollen. Meine Klientinnen empfinden den Wandel häufig bereits nach der ersten Sitzung, Aufstellung oder einem Coaching oder in meinem Mentoring. Was ich mit einem Schmunzeln erst nach einiger Zeit zu verstehen gebe, ist, dass bereits der Entschluss zu einer Veränderung der Startschuss in ein neues Leben ist. Also noch ehe der Weg in mein Coaching oder Mentoring führt, ist der Weg neu und die Reflexion beginnt. Da ich traumasensibel und lösungsorientiert arbeite, empfinden meine Mentees den Weg mit mir als Vorankommen. Minimalinvasiv wirkt sich die Methodik meines Mentorings aus. Die meisten von uns haben schon Unmengen „dreckige Wäsche" durchwühlt – nun wird es Zeit, sie zu waschen, aber nicht mit Bleichmittel und der vollen Härte.

Was Klientinnen nach einiger Zeit spüren, sind sich selbst und die Dynamik, endlich ihr eigenes Potential entfalten zu können. Es geht um diese ultimative Veränderung, die dennoch nicht mit der Brechstange geschieht, sondern sukzessive. Den Blick in den Rückspiegel zu wagen, braucht Zeit und Mut. Es gibt Situationen im Leben, da ist es mit dem positiven Denken nicht getan. Da ist es schlichtweg nicht machbar, nach innen zu blicken. Wer sich exakt dann jedoch von seinem Umfeld, den Medien oder auch der Literatur bedrängen lässt, wird genau die tiefe Reflexion verhindern. Zumindest zunächst. Was in diesem Zusammenhang häufig wie eine Portion Esoterik klingt, ist eine tiefe Wahrheit: In jeder von uns steckt ein Universum an Möglichkeiten. Tagträume, Wunschdenken und kleine Wunder sind immer dann möglich, wenn wir daran denken. Und warum ist das so? Es gibt keine Impulse in uns, die nicht realisierbar sind. Wir sind zu jeder Zeit am richtigen Ort, um das Richtige zu tun. Der Moment, in dem aus einem gebrochenen Herzen ein ganzes werden kann, ist jener, wenn Frauen sich auf den Weg zu ihren Mentoren machen.

Die Urkraft in uns allen

Alleine am Abend, Desillusion im Dating, Weihnachten und Silvester alleine, alles alleine stemmen, notdürftige Pläne mit Freunden – der Alltag hat uns fest im Griff. Eine Zeit lang können wir Urängste in uns und ebenso Sehnsüchte ausblenden.

Mag sein, dass wir hier und da mal erkältet sind als Signal unserer Seele, aber auch das bekommen wir schnell in Griff. Die gute Nachricht ist, dass die Kompetenz zur Veränderung als eine Art Urkraft in jeder von uns steckt. Vielleicht fühlt es sich noch anders an. Beweggründe für den Blick in den Rückspiegel gibt es viele und ich gebe zu, dass häufig der Start der Reise die Sehnsucht nach einer Paarbeziehung ist. Im Grunde spielt die Motivation keine so große Rolle, denn unabhängig vom späteren Ziel, führt der Weg niemals an der Reflexion erlernter Muster vorbei.

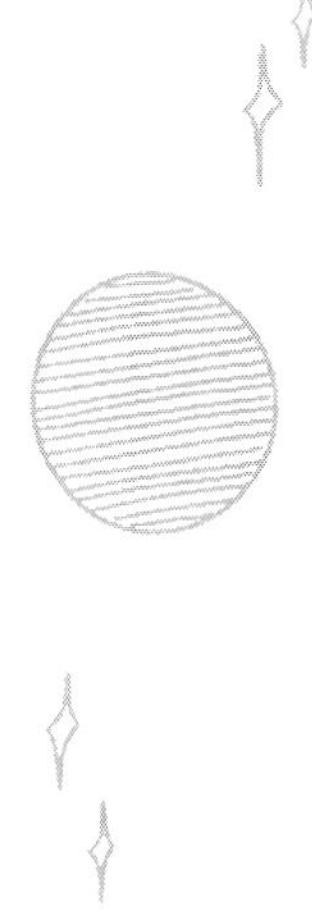

Ein reflektierender Rückblick ist eine Art Lebensübung, bei der man sich auf eine introspektive Reise begibt, um seine Vergangenheit, Gegenwart und Zukunft aus einer beobachtenden, nicht wertenden Perspektive zu betrachten. Ziel ist es, ein tieferes Verständnis für den eigenen Weg und die eigene Entwicklung zu erlangen, indem man Vergangenes reflektiert und daraus Lehren für die Zukunft zieht. Ein Rückblick beinhaltet verschiedenste Methoden, die zur Erkenntnis führen. Häufig ist es eine Zeit der Stille, des Mentorings oder auch der Meditation, um sich von den äußeren Ablenkungen zu befreien und sich vollständig auf den inneren Prozess zu konzentrieren. Dann kann man sich bewusst durch verschiedene Zeitabschnitte seines Lebens bewegen und über bestimmte Ereignisse und Entscheidungen nachdenken, die seinen persönlichen Weg beeinflusst haben. Dabei kann man auch seine Gedanken, Gefühle und Überzeugungen überprüfen und erkennen, wie sie die Entwicklung beeinflusst haben.

Ziel des Rückblicks ist es, seine Stärken und Schwächen zu erkennen, seine Leidenschaften und Talente zu entdecken und sich auf seine Ziele und Träume auszurichten. Dies ist keinesfalls als Form des Wettbewerbs gemeint, mit dem der nächste Druck ausgeübt wird. Das haben wir lange genug erfahren. Jede zauberhafte Frau hat so viele glanzvolle Punkte und Talente, denen eben diese alten Wunden und blinden Flecken entgegenstehen. Es kann eine tiefgreifende, transformierende Erfahrung sein, die zu einem besseren Verständnis für den eigenen Weg und zu einer tieferen Verbindung mit dem eigenen Selbst und dem Universum führen kann. Niemand soll mit mir eine Retraumatisierung erleben, denn Bewusstwerdung ist das Zauberwort! Warum ist das alles so wichtig? Viele wissen nicht, welches Päckchen sie so genau mitbringen. Zwar sind gewisse Ereignisse und Gefühle präsent, stellenweise uralte und sehr schmerzhafte, jedoch bleibt deren genaue Auswirkung auf das Erwachsenendasein ungeklärt. Zu erfahren, worin sich Misslingen und Unzufriedenheit begründen, ist elementarer Teil der Selbstbefreiung. Hinzu kommt, dass sich ein Schmerzpunkt selten alleine zeigt: Was wie ein einzelnes Gebiet wirkt, ist häufig auf unserer „emotionalen Festplatte" mit anderen Punkten wie zu einem Cluster verknüpft, das unser Leben wesentlich prägt.

Der Blick in den Rückspiegel sorgt dafür, dass Verständnis für das innere Universum sanft und allmählich wächst. Dieses Gefühl, was alles in uns ist. Dieser unendliche Quell – auch nach Jahrzehnten. Es ist niemals zu spät! All das ist die Basis, um sich zu entwickeln. Gleichzeitig ist der Blick in den Rückspiegel auch der Weg, Halt in sich selbst zu finden. Er ist Entfaltung von Zufriedenheit, Zuversicht, unbändiger Wille, Lust auf Leben, Liebe, Strahlkraft – ich kann diese Liste unendlich fortsetzen. Immer wieder erlebe ich, dass der Blick zurück,

„Was vor uns liegt und was hinter uns liegt, ist nichts im Vergleich zu dem, was in uns liegt. Wenn wir das, was in uns liegt, nach außen in die Welt tragen, geschehen Wunder."
Henry David Thoreau

doch auch für so manche Überraschung sorgt. Während Dramen erwartet werden, zeigt sich schnell, dass alles gar nicht so schlimm ist. Das begründet sich meistens auch darin, dass der Entschluss zu Veränderung und Wachstum so stark ist, dass die Kraft der einmal begonnenen Reise hin zu einem Leben in Fülle aus der Tiefe heraus so mächtig ist. Zum ersten Mal werden bei einem gelenkten Blick auf das Leben Wirkungsvermögen und persönliche Kompetenzen entdeckt, die als Motivator den nun begonnenen Prozess unterstützen. Im Grunde folgen das Lebensspiel und ebenso seine mentalen Regeln einfachen Grundlagen; zu denen kommen wir ausführlicher im nächsten Kapitel.

Reflexion ist ein Grundstein der Persönlichkeitsentwicklung.

Grundlegend ist die Reflexion ein wichtiger Bestandteil der Persönlichkeitsentwicklung. Es beinhaltet die Auseinandersetzung mit unseren Gedanken, Emotionen und Verhaltensweisen, um ein besseres Verständnis für uns selbst und die Welt um uns herum zu entwickeln. Durch Reflexion können wir unser Bewusstsein für unsere Stärken und Schwächen erhöhen und uns selbst besser verstehen. Möglich wird es uns, in diesem Prozess unsere Handlungen und Entscheidungen zu bewerten und zu verändern, wenn dies erforderlich ist. Sicherlich verlangt eine effektive Reflexion Zeit und Aufmerksamkeit. Gemessen daran, wie viele unzählige Stunden wir in alten Mustern und Blockaden verharren, ist die Konzentration auf Veränderung und ein neues Leben ein Klacks. Ja, du liest richtig! Blickt man nun auf die wundervollen Anteile in sich selbst, werden die zuvor blinden Flecke zwar erkennbar, jedoch undramatisch in der Gesamtwirkung. Der Blick nach innen zeigt, dass alle Merkmale zu einem Zeitpunkt im Leben gut waren. Uff, das will man zunächst nicht hören. Und dennoch wiederhole ich es: Wir blicken gemeinsam auf dein Leben zurück, da alles an dir gut ist! Es kann helfen, sich Zeit zu nehmen, um regelmäßig über unsere Gedanken und Emotionen nachzudenken. Es ist auch hilfreich, professionelles Feedback zu suchen und uns mit anderen – im geschützten Rahmen – über unsere Gedanken und Gefühle auszutauschen. Während die meisten von uns die Konfrontation mit sich selbst scheuen, da schmerzhafte Erinnerungen wach werden könnten, führt das neue Verständnis dazu, zu erkennen, dass Reflexion kein einmaliger Prozess ist, sondern ein ständiger Teil unserer Reise zur Selbsterkenntnis und -wirksamkeit. Indem wir regelmäßig reflexiv vorgehen, können wir uns kontinuierlich weiterentwickeln und uns selbst besser kennenlernen. Und am Ende ist genau das der Schlüssel zur tiefen Liebe. In uns und auch zu einem Traummann draußen!

Niemals gibt es auch nur einen Grund, mit sich selbst hart ins Gericht zu gehen. Du brauchst dich in keiner Sekunde dafür abzulehnen, wenn etwas nicht klappt oder falls du zum Beispiel noch Single bist. Und damit meine ich nicht, sich selbst nicht zu guten Leistungen oder einem klaren Bewusstsein zu bringen. Ich spreche an dieser Stelle von unsachgemäßem Druck und Unfreiheit, die wir durch permanentes Gedankenkarussell an den falschen Stellen erzeugen. Diese kleinen gedanklichen Fußfesseln, die nach Jahrzehnten wie gedankliche Felsbrocken an unserem Knöchel hängen und uns massiv im Leben bremsen.

Sich selbst schlecht zu behandeln und zu „geißeln" ist keine Selbstreflexion.

Als wertvolles Instrument für die Persönlichkeitsentwicklung ermöglicht uns eine zielführende Reflexion, all das zu erkennen, wovon uns ständig kreisende Gedanken fernhalten.

Uns selbst besser zu verstehen und uns bewusst auf unsere Reise zur Selbsterkenntnis und Selbstwirksamkeit zu begeben, kann uns helfen, bestimmte Verhaltensmuster zu erkennen und zu verändern, die uns vielleicht davon abhalten, unser volles Potential zu erreichen. Aus den Erlebnissen meiner Praxis kann ich sagen, dass die Klientinnen sich den eigenen Ängsten und Unsicherheiten gerne stellen, wenn sie diese erkennen und gemeinsam mit mir daran arbeiten, sie zu überwinden. All das trägt dazu bei, bessere Kommunikation und tiefere Verbindungen zu schaffen. Zu uns selbst und zu unserem Umfeld. Indem wir regelmäßig reflexiv vorgehen und das als neues Muster kultivieren, können wir uns kontinuierlich weiterentwickeln und uns selbst und die Welt besser verstehen.

Jeder Heilungsweg ist ganz individuell!

Prinzipiell möchte ich dir damit nahebringen, dass der Weg der Heilung für jeden Menschen etwas ganz Individuelles ist. Egal ob du erst seit Kurzem oder schon seit Längerem deine eigene Position im Leben erforschst – machtvoll ist der Blick nach innen immer! Du darfst dir auf die Schulter klopfen, wenn du in diese Zeilen einsteigst und dich deiner Heilung zuwendest! In der gemeinsamen Arbeit geht es darum, sich der Liebe zuzuwenden, indem man alles, was in einem steckt, nutzt. An erster Stelle die Liebesfähigkeit – sie ist der ultimative Schritt in die Eigenverantwortung! Wagst du dich an das durchaus auch schmerzhafte Thema der Liebe in deinem Leben, beginnst du für deine eigenen Wünsche und dein Wohl einzustehen. Du läufst nicht mehr vor der Liebe weg, weil du möglicherweise Angst vor einer Verletzung hast. Du stellst dich den Schattenthemen und betreibst eine Fürsorge für dich selbst.

Was bringt dir also der Blick in den Rückspiegel mit mir?

Du erkennst, was dich schon so lange triggert! Was sind denn diese Trigger überhaupt? Die sogenannten Reizpunkte sind deine Chance, systematisch zu heilen, denn sie zeigen auf, was dir emotional Schmerzen bereitet. Jeder von uns hat Triggerpunkte in sich – meistens ist es ein Auslöser oder ein Verhaltensmuster im Außen, das für eine starke emotionale Reaktion sorgt. In deinem alten Leben wirst du noch aufgrund von Triggerpunkten im Außen gehandelt haben. Doch das ändert sich schon bald, sobald du ein Leben aus vollem Bewusstsein aufzubauen beginnst.

Dein eigenes persönliches Wachstum kannst du mit daran erkennen, dass dich ein Trigger von außen nicht sofort aus der Bahn wirft oder verunsichert. Mehr noch beginnst du, alles was dir missfällt, bewusst wahrzunehmen. Es mag ziemlich utopisch klingen, jedoch das, was dich lange verunsichert hat, wird zu einem engen Freund. Ein Spiegel der Gefühlswelt, der dir hilft, alte Wunden in dir zu heilen. Reagieren wir in gewissen Situationen über oder schauen wir (noch) mit einem getrübten Blick und mit einer negativen Energie auf deine Trigger, ist kein Raum für Veränderung da.

Du siehst dich nicht als Opfer, sondern als Schöpferin deiner Realität!

Das Leben ist unvorhersehbar. Auch wenn du noch so viel planst und kontrollierst, es werden immer wieder Situationen auf dich zukommen, mit denen du nicht gerechnet hast. Bisher war es vor dem konstruktiven Blick in den Rückspiegel noch möglich, in einem Zustand des nicht ausgeprägten Bewusstseins für dich und deine Kraft die Fehler außerhalb von dir selbst zu suchen. Davon abgesehen, dass wir nicht hier sind, um in gut und schlecht zu unterteilen, ist es nicht ungewöhnlich, Menschen oder Situationen im Außen für die Lebensumstände verantwortlich zu machen. Nicht gerade wenigen ermöglicht dieser Blick in das Fernglas, von sich abzulenken und etwas langfristig zu verändern. In dieser Opfermentalität – denn immer tragen die anderen die Verantwortung – wird für meinen Geschmack ganz schön viel der eigenen Power aufgegeben, denn wir reden uns ein, nichts im Leben verändern zu können.

Du wächst unaufhörlich, wenn du dich als Schöpferin deiner Realität anerkennst und siehst, wie machtvoll du in Wahrheit bist und wie viel du in deinem eigenen Leben durch deine Gedanken, Emotionen, Entscheidungen und Handlungen verändern kannst. Deine eigene Schöpferkraft anzuerkennen, ist der Aufstieg von der Opferrolle hin zur Selbstliebe und Eigenverantwortung. Klingt das bitte wundervoll? In diesem Bewusstseinszustand angekommen, verstehst du, dass du nicht alles in deinem Leben kontrollieren kannst, aber dass du immer die Wahl hast, wie die Reaktion auf äußere Umstände sein soll.

Vergebung für sich selbst ist das wahrscheinlich kraftvollste Mittel, wenn es um deine eigene emotionale, mentale und spirituelle Entfaltung geht, denn sie erlaubt dir, dein Herz zu öffnen und in den eigenen, inneren Frieden zu gehen. Sich selbst auf Jahrzehnte zu geißeln, ist ein gängiges Bild, das sich anfänglich oft mit meinen Klientinnen zeigt. Zurückzublicken ist das eine, jedoch geht es nicht darum, sich selbst „zur Schnecke zu machen" – denn das war lange genug der Fall. Genau darum suchen die meisten von uns ja das Katapult zum Liebesglück, weil das alte Muster dann irgendwie doch nicht funktioniert hat. Im Prozess mit mir erkennst du, dass Vergebung nichts mit der anderen Person, sondern allein mit dir zu tun hat. Für Vergebung braucht es aber niemanden außer dir selbst. Und das ist der Grund, warum dein Weg sofort und immer starten kann – es braucht nur dich selbst. Okay, und gerne mich als liebevolle Mentorin an deiner Seite.

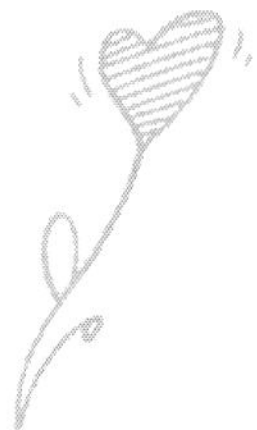

Aus psychologischer Sicht betrachtet ist Selbst-Vergebung die reinste Form der Selbstliebe. Warum? Wir sind das, was wir praktizieren! Dazu wirst du im kommenden Kapitel noch einiges erfahren. Wollen wir erfüllt im Hier und Jetzt leben, ist die Loslösung von alten Themen und Blockaden nötig. Und genau das symbolisiert es, zu verzeihen. Praktizierst du Selbst-Vergebung, stellt du die eigene Kraft wieder her und eroberst die kraftvolle Position in deinem Leben zurück. Hast du erkannt, dass dein Leben durch dich und deine Energie erschaffen wird, und siehst deine Energie als die wertvollste Kraft an, die du besitzt, haben negative Emotionen oder toxische Menschen in deiner Welt keinen Platz mehr.

Spreche ich von Vergebung, meine ich diese natürlich nicht im religiösen, spirituellen und rituellen Sinne, denn da passiert pure Retraumatisierung. Das würde bedeuten, dass das innere Kind wieder und wieder erlebt, was es erlebt hat, und das Geschehene verharmlosen und zu sich nehmen muss. Dabei bleibt die systemische Ordnung und Rückgabe der Verantwortung an diejenigen aus, die damals ursächlich waren. Vergebung meine ich im Sinne der Selbst-Vergebung! Vielen ist nicht bewusst, dass die inneren Kinder Gefühle von Schuld, nicht gut genug zu sein oder Strafen und Prügel zu verdienen abspeichern. Tief eingebrannt in die Seele sind dies die Muster, die sich im Erwachsenenalter noch in unseren Beziehungsmustern außen zeigen.

Es geht um Transformation und Reintegration des Erlebten. Um Überwindung dessen, was uns heute hemmen kann und dem Glück im Weg steht.

Du übernimmst Verantwortung für deine Emotionen, Gedanken, Entscheidungen und Handlungen!

In der neu zu entdeckenden Eigenverantwortung steckt die größte Portion an Liebe, die man sich vorstellen kann. Sie erlaubt uns, selbst in uns die Schöpferin unserer Erfahrungen zu sehen. Es mag sein, dass nicht alles immer kontrollierbar ist, was geschieht. Einfluss nehmen können wir aber darauf, wie wir mit Erfahrungen umgehen. Das ist eine Art erweiterte Form des Konfliktmanagements, die Erfahrungen mildert. Du allein kannst entscheiden, wie du mit jeder einzelnen Erfahrung im Leben umgehst. Loslassen oder festhalten – der Fokus kann immer wieder neu gerichtet werden. Selbst für sich Verantwortung zu übernehmen, ist so elementar wichtig – denn solange du nicht für dich die Entscheidung getroffen hast, Verantwortung für dich und dein Leben zu übernehmen, wirst du zwangsläufig immer andere über dein Leben entscheiden lassen. Du kannst es dir so vorstellen, dass du in deinem eigenen Auto sitzt, aber es selbst nicht fährst, sondern es sitzt immer jemand anderes am Steuer, der lenkt und bestimmt, wo die Reise hingeht. Willst du nach vorne blicken, musst du auch eigenverantwortlich auf dich und deine Erfahrungen schauen.

Deine eigene Schöpferkraft wird zu deiner Stärke

Die meisten Menschen leben ihren Tag immer nur als eine Wiederholung ihres Gestern. Sie denken, dass das Leben einfach so ist, wie es ist, und dass es normal ist, wenig Geld zu haben, viel zu arbeiten und/oder unglücklich zu sein. Dadurch verleugnen sie ihre wahre Natur und ihre Essenz. Der Blick in den Rückspiegel mit mir bedeutet Reflexion, nicht aber Verharren im ewigen Gestern. Sich umzudrehen und in innerem Frieden darauf zu schauen, was sich alles Großartiges entwikkelt, ist die bewusste Entscheidung, für die eigenen Träume loszugehen. Du lebst in Ko-Kreation mit dem Universum. Ist das nicht herrlich?

Die Universalgesetze – die 7 kosmischen Gesetze

Die 7 hermetischen Gesetze des Universums und wie du mit ihnen im Einklang lebst

Wenn du an diesem Punkt meines Buches angekommen bist, möchte ich dir gerne einen weiteren Teil meiner Arbeit vorstellen. Im Alltag haben die Abfolgen natürlich einen fließenden Charakter und sind nicht strikt ineinander aufgeteilt, denn alles ist miteinander verbunden. Nachdem dir in Kapitel 1 der Rückblick begegnet ist, darfst du nun noch tiefer in die Materie rund um Kreation und Mensch einsteigen.

Egal ob Freundschaft, Familie oder in Liebesdingen: In den seltensten Fällen ist dein Umfeld der Grund für deine aktuelle Unzufriedenheit. Ich würde sogar noch weitergehen und behaupten, dass du selbst dafür verantwortlich bist! Das klingt natürlich ziemlich hart. Und nein, das ist kein Vorwurf, denn jeder von uns ist gut genug, so wie er ist. Wie jetzt? Gut genug und dennoch verantwortlich dafür, nicht glücklich zu sein? Sollte ich dich jetzt etwas verwirrt haben, ist das ebenfalls gut, denn so können wir tiefer in die Lehren einsteigen, die unser Sein ausmachen. Wenn du dich momentan unwohl fühlst und unzufrieden bist, liegen die Ursachen dafür vermutlich weit in deiner Vergangenheit. Diese hat dich geprägt und du hast aus diesen Erfahrungen gelernt, ein ganz persönliches System zu entwickeln. Das haben wir mit dem Blick in den Rückspiegel bereits herausfiltern können. Wenn sich zwischen dem neuen, befreiten Leben und den alten Erfahrungen also Programme abspielen, lohnt es sich immer, diese alten Glaubenssätze zu hinterfragen. Mehr noch, sie umzuschreiben und sogar neue Glaubenssätze zu definieren. So befreien wir gemeinsam die Schöpferkraft der Göttin in dir!

Bisher waren die entwickelten Glaubenssätze da, um dich selbst zu schützen, weshalb sie auch eine gewisse Daseinsberechtigung haben. Niemand möchte eine negative Situation ein weiteres Mal erleben. Das ist menschlich und absolut verständlich. In deinem neuen Leben wird es keinen Grund mehr zu einem Schutz geben, denn die wahre Kraft entspringt aus dir selbst, und ich darf behaupten, du wirst dich beinahe unverwundbar fühlen. Um zu diesem befreiten Zustand deiner Selbst, deiner Seele und deines Herzens zu gelangen, ist es wichtig zu verstehen, dass es Gesetze gibt, die uns mental und emotional beeinflussen und einen Effekt auf unser ganzes Leben haben: die 7 geistigen Gesetze des Universums. Sie existieren, so wie es die physikalischen Gesetze gibt – zum Beispiel das Gesetz der Schwerkraft. Diese Gesetzmäßigkeiten werden auch die hermetischen, feinstofflichen oder kosmischen Gesetze genannt.

Es sind die Gesetze, nach denen das Universum funktioniert. Und da wir nun mal ein Teil des Universums sind, funktionieren diese universellen Regeln auch für uns. „Aber ich will das doch gar nicht!“ Das mag sein und dennoch ist es eine Grundannahme, mit der wir leben. Sich gegen die Schwerkraft zu richten, ist sinnlos und ein riesiger Kraftaufwand. Dem wirst du sicherlich zustimmen! Lässt du zum Beispiel einen Teller fallen, weißt du mit ziemlicher Sicherheit, dass er fällt. Ähnlich verhält es sich mit den hermetischen Gesetzen – sie sind existent und eine unumgängliche Tatsache. Sie zu verstehen und zu erlernen, ist nicht schwierig, und dennoch eröffnet das Bewusstsein für sie eine komplett neue Welt.

Sich in dem neuen Verständnis zu bewegen, ist ein absoluter Segensschluss, und das Beste daran ist, dass dies alles gar nicht mal schwer ist. Dein neues Bewusstsein wird dich dabei unterstützen, mehr zu empfinden, wahrzunehmen und Prozesse in der Außenwelt zu begreifen. Automatisch mit dem Verständnis taucht auch mehr Achtsamkeit auf – wie ein innerer geistiger Führer, der dabei hilft, wieder in die Mitte und die Balance zu finden. Denn genau darum geht es am Ende – zu jeder Zeit ist eine göttliche Kraft in uns, die uns leitet und die uns trägt. Mir selbst hat das Bewusstsein für die Universalgesetze geholfen und dir werden sie ebenso helfen, um im Einklang mit dir, deiner Urkraft, deinen Mitmenschen und dem Universum handeln und leben zu können. Manchmal machen wir uns das Leben schwer, indem wir an Belastendem festhalten. Mit den neuen Prozessen kreierst du ein Leben fernab davon, ganz nach deinen Visionen und Wünschen.

Alles ist Energie!

Wusstest du, dass alles, was ist, Energie ist? Deine Gedanken sind es ebenso wie dein Körper. Das Streben nach Unendlichkeit und Dingen, die für immer Bestand haben, ist ein natürlicher Prozess im menschlichen Dasein. Ursächlich ist dabei die

Gewohnheit, die unser Gehirn braucht, um sich sicher zu fühlen. Gering ist bei den meisten das Verständnis für die Themen rund um Energie, obwohl gerade das Bewusstsein dafür, dass es mehr gibt, als der menschliche Verstand ad hoc begreifen kann, der Schlüssel zum Glück ist. Faszinierend ist, dass die Gesetze des Universums immer existieren und funktionieren, zu jeder Tages- und Nachtzeit – auch zu jeder Gemütslage. Ebenso bei Erfolg und Misserfolg, denn die Funktionsweise der Gesetze greifen, ob wir mit ihnen im Einklang handeln oder nicht. Hattest du schon einmal dieses merkwürdige Gefühl, dass etwas in Dysbalance ist? Du konntest es vielleicht nicht beschreiben oder konkretisieren, aber gespürt hast du es. Das passiert, wenn wir eines der Universalgesetze ignorieren. Geschieht dies, handeln wir übrigens gegen die sechs weiteren Gesetze, denn sie laufen alle parallel ab. Es ist die universelle Kraft, die hinter allem wirkt und die universelle Ordnung bewahrt. Wir können diese Gesetze nicht ändern oder sie außer Kraft setzen. Somit sind wir gut beraten, unser Bewusstsein für sie zu schärfen und das Leben im Einklang mit den wegweisenden Gesetzmäßigkeiten zu entfalten.

Zum Einstieg in das Kapitel ging es auch darum, dass wir Unzufriedenheit erleben und die Schuld unserem Umfeld geben. Dies wird auch weiterhin Bestand haben, solange wir uns der sieben Gesetze nicht annehmen. Immer wird potentiell etwas passieren, das wir nicht verstehen. Und gemäß der alten Prägung wird die Ursache im Außen gesucht. Spreche ich im Mentoring, in meinem lebendigMACHER Podcast oder auch in diesem Buch von einer „Magie des Lebens“, meine ich den Einklang mit uns selbst und den universellen Gesetzmäßigkeiten, die nicht einfach nur Gesetz an sich sind. Im Rechtswesen sind

Gesetze Vorgaben, an die man sich zu halten hat. Ob man es jeweils als Unfreiheit oder Rahmen der Sicherheit empfindet, entscheidet jeder für sich. Die hermetischen Gesetze sind da ganz anders. Sie bieten keinen starren Rahmen, sondern völlige Freiheit! Ein bewusstes Leben im Einklang mit ihnen ist der unendliche Raum, in dem wir die absolute Magie entfalten. Die Schöpferkraft der Göttin! Ob juristisches Gesetz oder Universalgesetz – beides soll per Definition das Leben erleichtern. Das eine stammt von außen, das andere wirkt auf uns ein und befähigt uns, bei richtigem Verständnis aus uns heraus alles erschaffen zu können.

Wünschen ist zunächst einmal zielorientiertes Denken, das von den sieben Gesetzen bestimmt wird. Viele werden dieses Buch lesen, da sie den ausgesprochenen Wunsch nach einer erfüllenden und erfüllten Partnerschaft und Liebe in sich tragen. Ziel ist, dass sich der Mr. Right nun auch in der Außenwelt zeigt und nicht lediglich als Traum existiert. Die sieben Universalgesetze sind unser Werkzeug, um die Realisierung der Träume aktiv anzugehen und gleichzeitig alles in Leichtigkeit fließen zu lassen.

Das ist es, was Schöpferkraft ausmacht. Regelmäßig bekomme ich von meinen Klientinnen das Feedback, dass sich durch die Zusammenarbeit ein komplett neues Lebensgefühl einstellt. Nicht umsonst gehört Selbstverwirklichung in der Positiven Psychologie zu den wichtigsten Grundlagen des Wohlbefindens. Niemand ist dazu geschaffen, in Begrenzungen und Limitierungen zu leben. Wer einmal Vertrauen in sich und einen ganz besonderen Flow-Zustand entdeckt hat, wird niemals mehr auf den Stand von zuvor zurückwollen und können.

Was also sind denn diese geistigen Gesetze, nach denen das Universum/der Kosmos funktioniert? Es sind Gesetze des Bewusstseins, die uns mental und emotional beeinflussen. Es ist die universelle Kraft, die hinter allem wirkt und die universelle Ordnung bewahrt. Die Gesetze wirken im gesamten Universum und sind immer aktiv. Nicht nur um uns selbst verstehen zu können, ist die Kenntnis der sieben Gesetze sinnvoll. Die Ursachen für scheinbare „Zufälle“ und „Synchronitäten“ sind ebenso in den Gesetzen des Lebens verankert. Zusammenhänge, Einklang, Harmonie, Bewusstsein, Eigenverantwortung ... das alles versteckt sich in der Hermetik. Was anfänglich wie ein Mysterium klingt, ist näher erklärt logisch. Die meisten werden von den sieben geistigen Gesetzen des Universums schon einmal gehört haben.

Und hier findest du sie auf einen Blick:

1. Gesetz der Geistigkeit
2. Gesetz der Entsprechung
3. Gesetz der Schwingung
4. Gesetz der Polarität
5. Gesetz des Rhythmus
6. Gesetz von Ursache & Wirkung
7. Gesetz des Geschlechts

Sollten dir die sieben Gesetzte noch nie oder nur teilweise begegnet sein, freue ich mich ganz besonders, auch hier eine Impulsgabe für dich parat zu haben. Nimm sie als neue Erfahrung oder als Handwerkszeug, das allmählich zu deinem Alltag gehört. Im Folgenden stelle ich dir die Gesetzmäßigkeiten einzeln vor. Solltest du noch mehr dazu erfahren wollen, kannst du gerne in die Podcast Serie – mit den Folgen 10, 11 und 12 – meines lebendigMACHER Podcasts reinhören!

1. Gesetz: Das Gesetz der Geistigkeit

Alles ist Geist – das Universum findet mental statt!

Alles ist miteinander verbunden und eins. Gleichzeitig ist eins alles. Lass das gerne auf dich wirken, denn die Information geht in jede Zelle und jede Faser unseres Seins. Das erste universelle Gesetz besagt, dass alles Bewusstsein ist. Alles ist Geistigkeit. Alles, was du um dich herum wahrnimmst, war zunächst als feinstoffliche Energie ein Gedanke, bis du es heute als grobstoffliche Energie zu einem sichtbaren Ergebnis entfaltet wahrnehmen kannst. Somit bestimmt jeder von uns sein eigenes Leben durch die innere Geisteshaltung. Sicherlich wirst du schon einmal gehört haben, dass jeder Gedanke, ob positiv oder negativ, die Realität erschafft. Häufig wird es als Spielerei dargestellt. Du wünschst dir etwas und es taucht auf. Mehr als eine Bagatelle, als dass dieser Prozess häufig verniedlicht dargestellt wird, greift jedoch die Wahrheit, dass die richtigen Gedanken absolut das Leben in Leichtigkeit formen.

Einzig und allein die Tatsache, dass viele Menschen in negativen Gedanken hängen, zeichnet die Spirale des Ungewünschten im Leben. Zwar stellen sich immer mal kurzfristige Veränderungen ein, jedoch führen wiederkehrende Gedanken zu denselben Ergebnissen. Sind wir unzufrieden und konzentrieren wir uns genau darauf, darfst du raten, was das Ergebnis sein wird, das sich in der Außenwelt zeigt. Ist eine Veränderung im Leben gewünscht, gilt es gemäß dem ersten hermetischen Gesetz, die Perspektive zu einem Thema in der Innenwelt zu verändern (Re-Framing), damit die sogenannte Realität andere Ergebnisse spiegelt. Werde dir innen bewusst. So einfach ist das!

Mein liebevoller Hinweis:

Erschaffe dir einen bewussten Zugang zu deiner inneren Welt und werde zu dem, was du deiner äußeren Welt erschaffen möchtest.

Zusammenfassung:

Das All ist Geist, das Universum ist geistig. Alles Manifeste, das sich uns als Grobstoffliches zeigt, hat eine geistige Idee als Ursprung. Unsere Gedanken erschaffen unsere Realität!

Merke:

- Ausschlaggebend für die Manifestation sind unsere Gedanken in Verbindung mit unseren Gefühlen. Wir sind die Schöpferinnen unserer Realität!
- Unser Zustand ist eine permanente Kreation, da wir immer denken!
- Schaffen wir es, limitierende Glaubenssätze abzulegen, kreieren unsere neuen konstruktiven inneren Überzeugungen und Glaubenssätze bewusst Neues!
- Möchtest du deine Schöpferkraft bewusst nutzen, musst du lernen, deine Gedanken gezielt einzusetzen.

2. Gesetz: Das Gesetz der Entsprechung

Wie oben, so unten. Wie unten, so oben.

Das zweite Prinzip der Entsprechung wird auch als „Gesetz der Anziehung“ oder „Prinzip der Analogien“ bezeichnet. Es besagt, dass Gleiches immer Gleiches anzieht. Somit zeigt sich uns in dem, was wir empfangen, auch das, was wir geben. Es gibt Momente im Leben, in denen wir diese Einzigartigkeit in uns bewusst wahrnehmen. Und was geschieht? Unser Innenleben spiegelt sich in der äußeren Erfahrung wider, und diese äußeren Erfahrungen werden wiederum deine Überzeugungen im Inneren verstärken.

Stehen Wut und Angst oben auf der Skala der Gefühle, wird sich automatisch im Außen mehr Wut und Angst zeigen. Ein manchmal auch sehr schmerzhafter Kreislauf; die wahrgenommenen Reaktionen von außen sorgen dafür, dass sich die inneren Gefühle verstärken. Sehnt sich also jemand nach Partnerschaft und richtet den Fokus unter anderem permanent darauf, alleine zu sein, wird das Schmerzempfinden immer größer, anstatt, dass sich zum Beispiel DER eine Mr. Right zeigt. Die gute Nachricht ist, dass es andersherum natürlich genauso funktioniert. Wenn es deine tiefe innere Überzeugung ist, dass du glücklich und erfüllt bist, veränderst du deinen Fokus, ziehst wie magnetisch Glück und Fülle an und wirst noch glücklicher und erfüllter. Und genau daran arbeiten wir gemeinsam. Warum sage ich an dieser Stelle eigentlich Mr. Right und nicht Traummann? Der Traummann ist manchmal eine prachtvolle Illusion, eine Art Falle unseres Selbst, nicht aber der Richtige für uns.

Mein liebevoller Hinweis:

Um im Einklang mit diesem zweiten Gesetz zu handeln, ist es ratsam, in die Visualisierung zu gehen, dass das gewünschte Ziel im Außen ist. Sei das, was du dir zu leben wünschst!

→ Zusammenfassung:

Gemäß dem Gesetz der Anziehung zieht Gleiches immer Gleiches an. Unsere innere Welt spiegelt sich dabei immer in unseren äußeren Erfahrungen (Gedanken, Ausrichtungen, Vorstellungen, Überzeugungen etc.) wider. Andersrum verstärken genau diese Erfahrungen unsere Überzeugungen im Inneren. Die von uns erlebte Außenwelt entspricht immer dem, was wir im Inneren denken, wer wir sind. Alles, was uns im Leben begegnet, hat etwas mit unserer Schwingung zu tun.

(!) Merke:

- Alles, was dir im Außen begegnet, spiegelt deine innere Welt.
- Sei in dir das, was du dir im Außen wünschst.
- Liebst du dich selbst, strahlt die Selbstliebe in die Welt und wird zu dir zurückreflektiert.

„Sei du selbst die Veränderung, die du dir wünschst für diese Welt.“
Mahatma Gandhi

Den kollektiven Schatten können wir nicht heilen, jedoch können wir unseren persönlichen Schatten aufarbeiten und damit auf Dauer dem Kollektiv bzw. den nachfolgen Generationen Heilung vorleben. Solltest du noch mehr davon erfahren wollen, kannst du dich auch in das Schattenkonzept von C.G. Jung einlesen. Und die gute Nachricht ist: in unserem tiefsten Schatten verbirgt sich unser größtes Potential und unsere größte Lebensenergie. Ein Großteil meiner Arbeit besteht genau darin, diese Schattenaspekte ins Licht zu holen, zu bearbeiten und angemessen zu integrieren, ganz behutsam und liebevoll.

3. Gesetz: Das Gesetz der Schwingung

Alles vibriert. Das ganze Universum ist reine Schwingung.

Das dritte der sieben universellen Gesetze sagt uns, dass nichts ruht und alles in Bewegung ist. Die Begriffe Energie und Schwingung werden zunehmend häufiger benutzt und finden Einzug in den alltäglichen Sprachgebrauch. Alles in diesem Universum ist Energie und in ständiger Bewegung. Eine Sache, die sicherlich nicht ganz so leicht vorzustellen ist. Gehen wir doch davon aus, dass sich alles immer auf einer bestimmten Frequenz bzw. Schwingung bewegt, hat das weitreichende Folgen, wenn es um Empfindungen geht. Fühlst du Angst, Wut oder Scham, befindest du dich in einer niedrigeren Schwingung. Sobald du Liebe, Freude und Dankbarkeit empfindest, wirst du eine höhere Schwingung wahrnehmen können. Denken und empfinden wir Mangel oder Fülle, senden wir diese jeweilige Energie nach außen.

Mein liebevoller Hinweis:

Du kannst den Unterschied durch die Leichtigkeit oder die Schwere wahrnehmen, die du je nach Gefühlszustand spürst. Sei dir dessen bewusst, dass ein Leben in tiefer Dankbarkeit und Freude das an Schwingung verkörpert, was dich weiterbringt.

→ Zusammenfassung:

Das dritte Gesetz hilft zu erkennen, dass du nicht an deiner Vergangenheit oder Erwartungen festhalten kannst, wenn du Neues in deinem Leben kreieren willst. Alles ist in ständiger Bewegung und somit auch in konstanter Veränderung. Verschwende deine Kraft nicht damit, an etwas festzuhalten, sondern lasse es los und fließe mit dem Leben. Mit der inneren Haltung, dass das, was du möchtest, schon längst da ist, lebst du auf der Frequenz von Fülle.

(!) Merke:

› Alles bewegt sich, alles schwingt.

› Alles, was uns umgibt, alles in diesem Universum ist Energie, ist Vibration und in ständiger Bewegung.

› Energie bewegt sich immer auf einer bestimmten Frequenz bzw. Schwingung.

› Tiefe Dankbarkeit und Freude lassen uns auf der Frequenz von Fülle schwingen.

› Alles ist in ständiger Bewegung und somit auch in konstanter Veränderung.

› Deine Gedanken und Gefühle beeinflussen deine Schwingung. Deine Schwingung wiederum erschafft deine Realität.

- Je höher die Schwingung ist, desto mehr Energie und Schöpferkraft stehen dir zur Verfügung, um Dinge zu erschaffen oder um sie zu verändern.

4. Gesetz: Das Gesetz der Polarität

Alles hat zwei Seiten. Alles ist von Gegensätzen gezeichnet.

Das vierte Gesetz ist das der Polarität. Es beinhaltet, dass im physischen und mentalen Bereich alles dual ist. Sicherlich kennst du den Ausdruck „die beiden Seiten der Medaille". Ein und dieselbe Sache hat zwei Schwingungsebenen. Ein „ODER" existiert nicht, lediglich ein „UND". Eine Münze hat immer Kopf und Zahl. Ohne Licht kein Schatten. Und was bedeutet das? Alles ist bereits da und nichts wird neu erzeugt! Für Menschen, die sich in Krankheit, Armut oder Trauer befinden, ist das jeweilige Gegenteil, sprich Gesundheit, Fülle und Reichtum oder Freude, bereits da (auch wenn es noch nicht sichtbar ist). Lediglich das Bewusstsein steuert, zu welcher Seite man sich aufgrund der Gedanken und Gefühle bewusst bewegt.

Mein liebevoller Hinweis:

Mache dir bewusst, dass du immer zwischen den Möglichkeiten wandern kannst. Wenn du zum anderen Ergebnis möchtest, passe deine Schwingung an. Werde zu dem, was du erreichen oder erfahren möchtest. Nutze dieses Gesetz, um im

Verständnis zu sein, und vermeide es, in die Bewertung von dir selbst oder anderen zu gehen. Nur so entsteht die Verbindung mit der Quelle, mit der Liebe in uns.

→ Zusammenfassung:

Alles ist zweifach vorhanden, alles ist polar, alles hat zwei Gegensätze. Gegenseiten sind ihrer Natur nach identisch, nur im Grad ihres Ausdrucks verschieden (auch wenn das komplex klingen mag).

(!) Merke:

- Das Gesetz der Polarität besagt, dass alles zwei Seiten – zwei Gegensätze – hat.
- Die Pole sind nicht unterschiedlich, sondern sind Zustände von ein und derselben Sache.
- Alles ist bereits vorhanden!
- Über dein Bewusstsein, deine Gedanken und Gefühle kannst du beeinflussen und wählen, zu welcher der beiden Seiten du dich hinbewegen möchtest.
- Wenn alles zwei Seiten hat, muss es für jedes Problem eine Lösung geben.

5. Gesetz: Das Gesetz des Rhythmus

Alles fließt, alles hat seine Gezeiten

Das fünfte der kosmischen Gesetze besagt, dass alles fließt. Raus und rein – alles hat seine Gezeiten. Alles steigt und fällt. Alles ist mit einem Pendelschwung zu vergleichen, der sich in allem verankert. Rhythmus unterstreicht und kompensiert als ausgleichende Kraft unsere Lebensprozesse.

Alles in diesem Universum hat einen gewissen Rhythmus, den wir unbewusst wahrnehmen und häufig auch hinnehmen. Ebbe und Flut, Tag und Nacht, Einatmen und Ausatmen, Leben und Sterben. Umgangssprachlich bezeichnen wir diese Tatsachen als Zyklen, die unser Leben begleiten und ausmachen. Das 5. Gesetz verbindet das 3. Gesetz der Schwingung mit dem 4. Gesetz der Polarität. Energien bewegen sich immer rhythmisch zwischen verbundenen Gegensätzen.

Mein liebevoller Hinweis:

Das Gesetz stärkt dich in dem Vertrauen, dass nach einem Schmerz Freude kommt, dass ein Tief immer von einem darauffolgenden Hoch begleitet wird. Der Krise folgt die Glanzphase.

Zusammenfassung:

Der Ausschlag eines Pendels zu einer Seite ist das Maß für den Ausschlag zur anderen, da alles fließt und seine Gezeiten hat. Das Gesetz des Rhythmus besagt, dass sich alles im Universum immer in einem natürlichen Zyklus bewegt. Hast du lange Zeit unglücklich gelebt, kannst du sicher sein, dass auch auf dich das große Glück aus dir heraus, die Schöpferkraft in Liebe, wartet. So will es das universelle Gesetz!

Merke:

- Stillstand ist ein unnatürlicher Zustand,
  da sich alles im Rhythmus des Lebens bewegt.
- Jeder und alles hat seinen ganz eigenen Rhythmus. Vergleiche hindern uns daran, uns in unserem wahren Potential zu entfalten.
- Jeder hat sein eigenes Universum in sich und deshalb auch sein eigenes Tempo!
- Nach schlechten Zeiten folgen gute Zeiten!
- Kommt etwas aus seinem natürlichen Gleichgewicht/Rhythmus, werden Kräfte wirksam, die das Gleichgewicht wiederherstellen.
- Im Leben und unserem Dasein geht es immer auch um den Einklang mit allem, was uns als unharmonisch erscheint.
- Jedes Ende ermöglicht einen Neuanfang!

6. Gesetz: Das Gesetz von Ursache & Wirkung

**Jede Ursache hat ihre Wirkung;
jede Wirkung hat ihre Ursache.**

Das sechste universelle Gesetz besagt, dass jede Ursache eine Wirkung erzeugt. Niemals gibt es eine Wirkung, ohne dass ihr eine Ursache vorausgegangen ist. Gleichsam bleibt keine Wirkung bestehen, ohne dass es eine Ursache dafür gibt.

Gibt es also eine Wirkung im Leben, die uns unzufrieden stimmt, kann jede von uns mit dem entsprechenden Reflexionsvermögen der Ursache auf den Grund gehen. Der berühmte Blick in den Rückspiegel, um nach vorne zu gehen und Veränderung aktiv anzugehen.

Mein liebevoller Hinweis:

Wir sind Schöpferin unserer Realität und haben die Macht, Ursache und Wirkung zu sein. Erkennen wir uns als kraftvoll, können wir mit unserem neuen Bewusstsein bestimmte Wirkungen erzeugen. Wir sind Quelle und Ursache für das, was wir erleben!

Zusammenfassung:

Jede Ursache hat ihre Wirkung. Jede Wirkung hat ihre Ursache. Alles geschieht gesetzmäßig. Zufall ist nur ein Begriff für ein unbekanntes Gesetz. Das Gesetz der Kausalität besagt, dass jede Ursache eine Wirkung nach sich zieht und es keine Wirkung gibt, ohne dass es vorher eine Ursache dafür gegeben hat. Nichts ereignet sich zufällig. Als Zufall wird das bezeichnet, was uns verborgen bleibt und was wir in den Ursachen nicht wahrnehmen können.

Merke:

- Wenn dir in deinem Leben etwas in der Wirkung missfällt, kannst du zurückverfolgen, aufgrund welcher Ursache es entstanden ist.
- Das Gesetz von Ursache und Wirkung sorgt dafür, dass unsere Taten (gute wie schlechte) auf uns zurückfallen.
- Dieses Gesetz bewirkt, dass das, was wir denken (= Ursache), sich manifestiert und in unserer Realität in Erscheinung tritt (= Wirkung).

7. Gesetz: Das Gesetz des Geschlechts

Das letzte der sieben universellen Gesetze umfasst, dass Geschlecht in allem ist. Alles hat seine männlichen und weiblichen Prinzipien inne. Dieses Gesetz ist ein maßgeblicher Spiegel dafür, dass es keine Trennung an sich gibt – in diesem Universum hat alles sowohl männliche als auch weibliche Energie.

Grundlegend bezieht sich dieses Prinzip nicht auf die Sexualität oder das physische (biologische) Geschlecht, sondern auf archetypische und energetische Eigenschaften der Geschlechter. Sicherlich hast du schon einmal gehört, dass männliche Energie mit dem Verstand, Logik und Struktur in Verbindung gebracht wird. Der zielorientierte Macher, der seinen Fokus richtet und Kontrolle lebt. Und ja, das alles steckt auch in dir, liebevollen und zauberhaften Frau! Die weibliche Energie steht unter anderem für Intuition, Emotion und Hingabe. Verkörpert werden Empfängnis, Kreativität und Vertrauen.

Wie durch die vorherigen Gesetze gilt auch hierbei, dass beide Anteile gleichrangig sind und in Harmonie oder auch Balance sein müssen, damit sich etwas vollkommen entfalten kann.

Mein liebevoller Hinweis:

Verbinde dich mit der Kraft des Universums und entdecke, wie stark welche Anteile in dir gewichtet scheinen. Lebst du schon die völlige Balance? In welchen Lebensbereichen und Situationen kannst du dich noch mehr mit diesem Gesetz verbinden?

Vielleicht beschreibt dieser Satz am besten das Gesetz des Geschlechtes:

> **»Männer sind das Licht und Frauen sind die Liebe.«**
> *Quelle unbekannt*

→ Zusammenfassung:

Geschlecht ist in allem; alles trägt ein männliches und ein weibliches Prinzip in sich. Das Prinzip des Geschlechts besagt, dass im Universum sowohl männliche als auch weibliche Energie vorhanden ist und bezieht sich auf archetypische Eigenschaften, nicht auf Sexualität oder physisches Geschlecht.

Auch das alles ist das Gesetz des Geschlechts:

- Sonne/Mond
- Tag/Nacht
- hell/dunkel
- Aktivität/Passivität
- Mut/Vorsicht
- Geben/Empfangen
- Leistung/Ruhe
- Yin/Yang

Merke:

- Ein Mensch kommt nur dann in seine volle Schöpferkraft, wenn beide Kräfte in ihm in Einklang sind.

- Bei den meisten Menschen sind mehr die männlichen Energien im Vordergrund (gesellschaftskonform in der Leistungsgesellschaft). Sie lassen sich leider oft von den negativen Gedanken und Gefühlen anderen und deren Erwartungshaltungen beeinflussen. Und wie wir wissen, ernten wir, was wir säen.

- Die Integration sowohl der männlichen als auch der weiblichen Energie in jeder von uns ist wesentlich, wenn wir in die volle Schöpferkraft kommen wollen.

Die Männerbilder: Vom Mythos zum klaren Bewusstsein

» Wir sehen die Dinge nicht, wie sie sind, wir sehen sie so, wie wir sind. «

Anaïs Nin

Je selbstbestimmter wir im Erwachsenenleben werden, desto mehr Erkenntnisse begleiten unseren Lebensprozess. Der Weg zu Verständnis und wahrem Lebensglück ist eine lohnende Reise. Es ist ein Spiegel unseres Selbst, der uns zeigt, was tief in uns steckt, denn alles, was wir uns vorstellen können, taucht nur auf der Bildfläche unseres Lebens auf, da es erreichbar ist. Im Umkehrschluss bedeutet das, dass sich niemals etwas als Wunsch in uns präsentiert, was nicht erreichbar wäre. Gut, zugegeben, es dient nicht alles der Erfüllung des einen Lebensglücks – wir meinen, dass etwas gut für uns ist, und träumen davon, eine Form der Gewissheit ist das dann nicht unbedingt. Erinnerst du dich noch? Der Traummann ist nicht gleich Mr. Right! Rumms, das sitzt.

Und damit kommen wir zu einem wesentlichen Knackpunkt, denn zentrales Anliegen meines Buches (und meiner Arbeit) ist ja das Liebes- und Lebensglück. Unser Männerbild, und damit auch das Partnerbild, liebe Ladys, ist sehr oft eine abenteuerliche Vorstellung. Eine Ansammlung von Do´s und Don´ts, wie sie in jedem Buche steht. Bei den Freundinnen erkennen wir so schnell, wenn „der Haussegen schief hängt“. Selbst das Beziehungsgeflecht von völlig Fremden in der Fußgängerzone scheint uns plausibel und durchschaubar. Aber das eigene Beziehungsmodell zu durchschauen, ist ein Rätsel.

Ist das nicht irgendwie auch eine faszinierende Tatsache unseres Selbst? Wie sehr wir „Wahrheiten“ ausblenden können, um nicht den Schmerz hinter unserer bisherigen Partnerwahl zu sehen? Herz und Gehirn sind zu erstaunlichen Dingen und Taktiken in der Lage, wenn alte Traumata unberührt unter der Oberfläche bleiben sollen. Wenn sie in uns schlummern, ohne für akuten Schmerz zu sorgen, sind sie für uns immer noch erträglich. Dass sie dann wiederum dafür sorgen, dass wir Langzeitsingle, geschieden, Suchende oder auch unglücklich in einer Partnerschaft sind, verdrängen wir.

Ich bin davon überzeugt, dass wir alle das Potential haben, unser Leben zu einem großen Glück zu machen. Doch oft sind wir von unseren Glaubenssätzen und Prägungen eingeschränkt und sehen nicht, was wirklich möglich ist. Das Liebesglück ist ein Wunsch, den viele Menschen haben. Es gibt Menschen, die sich einen Traummann wünschen. Für die eine zauberhafte Frau ist er bis ins Kleinste hin beschrieben und detailliert definiert, für die nächste ist DER eine Mann eine diffuse Angelegenheit.

Kleiner Exkurs – eine Reflexionsübung

Bist du dir eigentlich dessen bewusst, was du über Männer denkst? Gehe an dieser Stelle gerne in dich und nimm Papier und Stift zur Hand. Kannst du dich in deine Vorstellung begeben, was du von Männern denkst? Wie sind sie? Welche Eigenschaften haben sie deiner Meinung nach immer? Was magst du an ihnen? Was findest du ganz schrecklich? Gibt es ein Erlebnis, das du immer wieder und wieder erlebst? Welches Muster taucht immer auf? Was würdest du gerne erleben und es zeigt sich nie? Sind alle Männer in deinen Augen treu/untreu? Unerreichbar/erreichbar? Lieb/unsympathisch? Fand deine Großmutter/Mutter Männer zum Beispiel schon unangenehm/gefährlich/suspekt? Oder mussten sie ständig von ihnen gerettet werden? Wie zeigen sie sich dir?

Überlege gerne, welche außergewöhnlichen Momente des Lebens dir durch den Kopf gehen! Hast du möglicherweise Streitereien daheim mitbekommen, die für dich immer „typisch Mann“ waren? Wie waren eigentlich dein Vater und dein Großvater? Waren sie präsent? Musstest du um ihre Aufmerksamkeit kämpfen und etwas leisten, um Beachtung zu finden, und die männliche Liebe erst verdienen? Welche Erfahrungen hast du mit deinem ersten Freund gemacht? Was wurde dir vermittelt, wie ein Mann zu sein hat?

Vervollständige gerne den Satz:

Männer sind ... ______________________________________

____

Hinweis: Liebe Leserin, an dieser Stelle möchte ich noch etwas ganz persönlich loswerden, da mir dein Wohl am Herzen liegt! Mit der Lektüre tangiere ich einige sehr tiefe Themen und Trigger deines Lebens. Wie tief diese reichen, kann ich natürlich im Einzelfall erst wissen, wenn wir uns persönlich begegnen. Sollte es sich für dich um schwerwiegende, traumatische und/oder einschneidende Erlebnisse handeln, lasse diese Übung bitte lieber weg. In meinem Buch und meiner Arbeit soll eine Retraumatisierung aktiv vermieden werden. Solltest du den Weg der tiefgreifenden Veränderung bewusst angehen wollen, empfiehlt sich auf jeden Fall ein geschützter therapeutischer und traumasensibler Rahmen, den ich dir gerne anbiete.

Sollte dir im ersten Moment nichts zu deinem Männerbild einfallen, ist das vollkommen in Ordnung! Die Zeit, in der du dich selbst unter Druck gesetzt hast, ist nun endlich vorbei! Nimm dir ruhige Momente zur Reflexion. Lege das Buch auch weg und nimm es immer mal wieder zur Hand. Es gibt keine

Grenzen, denn es geht hier um dein Leben und deine Klarheit. Gestehe dir die Wahrheit zu. Nichts, was in dir vorgeht, ist nicht erlaubt oder zu viel! Du hast dieses Buch in der Hand und den tiefen Wunsch nach Veränderung. Dies ist dein idealer Moment, schonungslos ehrlich zu dir zu sein. Vielleicht wird es dich auch überraschen, dass dein Bild von Männern gar nicht so übel ist, oder es zeigt sich eine Sache, die du nie gedacht hättest, weil du vorher nicht hinsehen wolltest/konntest.

Möglicherweise entdeckst du auch Dinge, die dich im ersten Moment etwas einschüchtern mögen. Immer wieder erfahre ich von gleichen Beziehungsmustern und beinahe alle haben den gleichen Hintergrund: Bei sehr vielen wundervollen Frauen hat die Abwesenheit des Vaters das Liebesbild und den Umgang mit Partnerschaft geprägt. Dies gilt nicht nur für den Fall, dass Mütter alleinerziehend waren. Auch ein emotional nicht verfügbarer Vater zum Beispiel spiegelt die Unerreichbarkeit und Problembehaftung von Liebe. Der Vater ist oft und dabei unbewusst „die erste große Liebe" eines Mädchens, doch nicht immer gibt es ihn. Wenn er da war, wie war die Qualität der Beziehung? Nahbar? Greifbar? Mühsam?

Im klassischen Modell wird uns das Thema der Beziehung von unseren Eltern vorgelebt. Weit verbreitet ist dabei auch das, was ich den „Keine-Beziehung"-Stil nenne. Es ist jener Punkt, an dem keine Paarbeziehung vorgelebt wird, was zu einer emotionalen Entfremdung oder einer Verzerrung führen kann, beziehungsweise in der Regel auch dazu führt. Damit lehne ich mich etwas aus dem Fenster, jedoch spiegeln mir viele gebrochene Herzen in meiner Arbeit genau das. Wir Menschen brauchen die Möglichkeit, uns Bilder zu machen, um dann eigene kreieren zu können – sprich, wir brauchen Vorbilder. Im Falle des privaten Umfelds, in dem wir aufwachsen, sind die Eindrücke oftmals unserer Entwicklung nicht dienlich – die Folgen können sich ein Leben lang zeigen.

Sich dem Männerbild und den Annahmen zu stellen, ist eine sehr wichtige Form der Priorisierung. In dem Moment der Rückeroberung deines Mutes – der auch als Ausdruck von Risikofreude gesehen werden kann – hast du Vorrang, denn es geht um dein Glück, für das du einstehst! Ich bin der absoluten Überzeugung, dass wir alle dieses Spiel, uns mit dem Ist-Stand abzufinden, zu lange gespielt haben. Dich in die zweite, dritte oder letzte Reihe zu stellen, hat dir nichts gebracht. Auch dies ist wahrscheinlich ein altes Muster, das dir familiär vorgelebt wurde. Es ist gut möglich, dass du unbewusst versprochen hast, dich dezent im Hintergrund zu halten und so mehr Liebe erfährst. Anerkennung dadurch, angepasst zu sein. Andere standen in der Schuld, sich zu zeigen, weil du dich und dein Leben für das Glück der anderen zurückgehalten hast. Oder es war umgekehrt – du bist immer nach vorne gesprungen und hast somit andere beschützt und/oder versorgt. Es gibt tausende Varianten und Möglichkeiten – und alle haben am Ende das gleiche Ergebnis erzeugt: Du bist nicht glücklich und deine Glaubenssätze werden dir ständig gespiegelt.

Das Männerbild als unser Spiegelbild

Die Männerbilder, die sich uns als Ergebnis in der 3D-Welt zeigen, sind das perfekte Spiegelbild unseres Inneren. Sehen wir Männer als sperrig, schwierig, unerreichbar, sind dort unsere inneren Baustellen angesiedelt. Fakt ist, dass wir mit unterschiedlichen Männern auch unterschiedliche Erfahrungen machen können, denn es ist ja in den meisten Fällen nicht nur ein einziger Glaubenssatz in uns verankert, sondern eine bunte Zusammenstellung. Während der eine Mann sofort erreichbar ist (und dennoch nicht der Mr. Right), ist der nächste vielleicht vor uns gefühlt auf der Flucht. Diese umfangreichen Aspekte sind alles Bausteine auf dem Weg zur Entwicklung des Liebesglücks. Hindernisse, ohne dass wir sie bewusst wahrnehmen.

Diese Blockaden müssen gelöst werden, um eine erfüllende Beziehung zu finden. Was ist aber das richtige Männerbild? Sollte es ein kraftvolles Bild sein, das Männer als starke Charaktere darstellt, oder sollte es eher ein sanftes Bild sein, das Männer als liebevolle und fürsorgliche Partner zeigt? Beide Seiten sind wichtig, um eine erfolgreiche Beziehung zu finden. Eine Kombination aus Kraft und Sanftmut ist wahrscheinlich der Schlüssel, um ein Gleichgewicht zu finden und ein erfülltes Liebesglück zu erreichen. Yin und Yang – maskuline und feminine Energie in einer ausgewogenen Mischung. Du hast dich so lange auf die Suche nach dem Richtigen begeben und endlich eröffnen sie sich dir: meine Methoden, mit denen du erlernen kannst, wie man Räume öffnet und gleichzeitig einen Schutz erfährt – aus sich selbst heraus. Der Panzer um dich wird aufgelöst. Lange Zeit war das Männerbild – wie auch immer es aussah – das Schutzschild, das sich aus Glaubensmustern und Annahmen zusammengesetzt hat. Stelle dir das emotionale Leben als individuelles Mosaik vor, das kreuz und quer, chaotisch, verstreut ist. Es gilt nun, alle Einzelteile zu einem strahlend schönen Bild zusammenzusetzen. Alle unbrauchbaren Bruchstücke und Splitter, die die Harmonie des Bildes stören könn-

ten, gilt es zu entfernen. Das Katapult ins Liebesglück führt dazu, dass wir mit unserer eigenen Wahrheit – zu der auch das Männerbild gehört – in Kontakt kommen und uns bewusst machen, was unsere Beziehungen ausgemacht hat. Prozesse des Lebens laufen meistens bis zu besonders einschneidenden Momenten unbewusst ab, weshalb alte Muster aus dem Verborgenen den Ton angeben und unser Leben definieren.

Das ganz individuelle Männerbild zu durchdenken, ist ein ganz wesentlicher Schritt in der ganz persönlichen Transformation. Wenn wir uns die Zeit nehmen, uns zu reflektieren und zu erkunden, was uns daran hindert, unser volles Potential zu erreichen, können wir uns befreien und unser wahres Selbst entdecken. Wir lernen, uns selbst zu lieben, unsere Gedanken und Gefühle anzunehmen und unsere eigene Kraft und Stärke zu erkennen. Diese Erkenntnis ist kraftvoll und ermutigend. Es ermöglicht uns, uns selbst zu lieben und uns darin zu üben, uns selbst zu vertrauen, so dass wir uns unsere Träume und Ziele erfüllen können. Wir können aufhören, uns selbst zu begrenzen, wir können beginnen uns den Weg zu unserem höchsten Glück zu öffnen und das Leben zu leben, das wir uns wünschen. Ich glaube, dass wir in unserem Leben immer wieder an Punkte gelangen, an denen wir uns selbst erkennen, auch wenn uns das nicht sofort klar wird. In diesen Momenten spiegeln wir uns und sehen, wer wir wirklich sind. Wir erkennen unsere Muster und können entscheiden, was wir in unserem Leben ändern wollen.

Liebe ist ein Grundbedürfnis! Dem wirst du sicher zustimmen. Unser Umfeld und/oder die (sozialen) Medien leben uns Dinge vor, die sich in uns verankern und dem Grundbedürfnis im Weg stehen. Ohne dass wir uns die Misserfolge in Liebesdingen erklären können. Die Liebe: Sehnsucht und Wunschtraum fast aller Menschen und gleichzeitig ein großes Rätsel? Wir erhoffen uns von ihr das große Glück, das dann auch nie zu Ende gehen soll. Bisher hat die Wirklichkeit selten so mitgespielt, wie wir uns das wünschen! Wie soll etwas in unser Leben treten oder sich als bestehende Beziehung verändern, wenn wir nicht wissen, was wir wollen, und wenn wir es doch wissen, es nicht kommunizieren?

Was sind nun die gängigsten Fallstricke, wenn es um das Männerbild geht?

1. Das Männerbild ist häufig ein Zerrbild! Eine Idealisierung von Eigenschaften, die uns im Zweifel nicht gefallen, jedoch übernehmen wir sie, weil die Gesellschaft es so vorgibt.

2. Das Männerbild als Erfüllung alter Glaubenssätze und Annahmen, wie sich Männer uns gegenüber zum Beispiel benehmen, zeigen, entfernen, reden, betrügen etc.

3. Das Männerbild, das uns schon unsere Mütter und Großmütter vorgelebt haben und das im Zweifel kein gutes Haar an den Männern lässt.

4 Das Männerbild, das uns in ein verdammt schwaches, mieses oder sogar optisch hässliches Bild rückt – eine Überhöhung der Position des Mannes mit der gleichzeitigen Herabsetzung von uns Frauen.

5 Das Männerbild, das sich aus dem Zwang des Umfeldes ergibt – man bleibt in einer Beziehung, aus der *frau* dem eigenen Herzensgefühl nach schon ewig ausbrechen möchte, und das dennoch nicht umsetzt.

6 Das Männerbild, das entsteht, weil wir im Grunde keine Ahnung haben, was wir wirklich wollen.

7 Das Männerbild mit extrem niedrigen Ansprüchen, da *frau* lieber weniger in Kauf nimmt, anstatt ihren eigenen Wert und die eigenen Wünsche zu definieren und erfüllt zu sehen.

8 Das Männerbild, das durch die physische und/oder psychische Abwesenheit deines Vaters beeinflusst wurde und heute dafür sorgt, dass kein Mann oder emotional abwesende Männer in deinem Leben sind.

9 Das Männerbild, das dich um Liebe kämpfen lässt, weil du Liebe als schwer erreichbar und belastend empfindest.

Widersprüchliche Männerbilder: Denken in neuen Dimensionen!

Auf der Suche nach der persönlichen Erfüllung ist es von riesiger Bedeutung, sich auch über die unterschiedlichen Männerbilder, die in unserer Gesellschaft vorherrschen, bewusst zu werden. Ich möchte über die Betrachtung deiner weiblichen Perspektive hinaus dazu anregen, ebenso das traditionelle Denken in Bezug auf Männlichkeit zu hinterfragen und somit neue Dimensionen männlichen Verhaltens und der Rolle des Mannes in deinem Leben schaffen zu können. Auch wenn ich keine Gesellschaftsphilosophin bin, ist mir durch die jahrelange Praxis-Erfahrung klar, dass wir durch eine zeitgemäße Reflexion von Männlichkeit und Weiblichkeit eine gesündere und ausgeglichenere Gesellschaft schaffen.

Die Erfahrungen meiner Arbeit zeigen, dass leider beide Rollenbilder der Geschlechter zunehmend kontraproduktiven Charakters sind. So hat sich das männliche Bild, das in der Gesellschaft zu finden ist, in den letzten Jahren deutlich verändert. Zumindest in den gängigen Aussagen zahlreicher Soziologen. Moderne Männer sind sich demnach ihrer Rechte und Freiheiten bewusster und suchen nach neuen Wegen, um sie auch auszuleben – ohne Anhang. Um dies als Gesellschaft zu ermöglichen, müssten wir uns von eingefahrenen Wegen abwenden und neue Dimensionen, Denkweisen und Verhaltensmuster in Betracht ziehen. Erweiterte Männerbilder bieten uns die Möglichkeit, eine neue Ebene von Freiheit und Selbstbestimmung zu erreichen. Die Erfahrung meiner Praxis zeigt da noch viel differenziertere Szenarien, denn extrem häufig wissen Männer gar nichts mehr mit der ursprünglichen

Männlichkeit anzufangen. Das Fehlen wahrhaftiger Männer-Vorbilder, Parentifizierung, gesellschaftlicher Leistungsdruck und Konkurrenz etc. alles das taucht in unserer Welt auf. Also das Pendant zu den wundervollen Frauen, die ihren Weg zur mir ins Mentoring finden und irgendwann den Bezug zu ihrer Weiblichkeit auf der Reise des Lebens verloren haben. Sie wissen ebenso wenig wie Männer, mit ihrer wahren Weiblichkeit klarzukommen, ohne sich selbst zu verlieren. Frauen scheuen in Ergänzung zu diesen neuen, maskulinen Rollen die Position der Weiblichkeit zunehmend und gehen nicht oder nur teilweise in die Bindung. Sie stehen zum Beispiel für den eigenen Lebensunterhalt ein, sind unabhängig, erfolgreich – da haben „Kerle" in der Rolle des Versorgers ausgedient. Und da die Frauen der Schöpfung grundlegend keinen Ernährer wie früher brauchen, machen sie sich um die Rolle als Frau – auch an der Seite ihres Mr. Right – häufig keine Gedanken und gehen in die Verdrängung des Urbedürfnisses nach Partnerschaft. Dies soll keine Abhandlung zu klischeehaften Auszügen aus Genderdebatten und Mann-Frau-Witzen sein. Es sind Ansätze, die in meiner Arbeit eine riesige Rolle spielen und die vor allem live bei Vorträgen von Bedeutung sind.

Stelle dir das Bild eines einsamen Koffers an einem riesigen Bahnhof irgendwo auf der Welt vor. Niemand nimmt ihn wahr und die Besitzerin kann sich nicht mehr daran erinnern, wo sie ihn einst verloren hat. Vielleicht irrt sie noch eine Weile umher und klappert alle möglichen Bahnhöfe ab, um ihren Verlust zu kompensieren. Sie sucht und verliert zunehmend das Bewusstsein dafür, wie das Gepäckstück ausgesehen hat. Dabei stecken in diesem Koffer so viele wertvolle Dinge. Die Selbstliebe, das Selbstbewusstsein, Teile der erfüllenden Weiblichkeit, Zuversicht, Stolz. Wenn diese Dinge keinen Grund darstellen, sich auf die Suche nach sich selbst zu machen, weiß ich es auch nicht.

Liebesglück ist auch Zusammenhalt. Natürlich geht jede von uns den Weg für sich individuell, denn die erfahrenen Schmerzen und Verletzungen sind ganz eigener Natur. Ein verbindendes Moment sind die ganzen Erlebnisse des Lebens dennoch, denn alle haben wir irgendwie unsere Erfahrungen gesammelt. Es ist wichtig, dass wir uns von vorgefassten Meinungen und Stereotypen lösen und uns darauf konzentrieren, wie wir neben der persönlichen Ebene auch als Gesellschaft gemeinsam neue Wege finden können, um Männern und Frauen zu helfen, in ihre Freiheit und ihr Potential zu kommen. Jene Ebene des Glücks, die sie anstreben. Wenn wir uns von eingeschränkten Ansichten lösen und mehr über die verschiedenen Widersprüche lernen, die uns als Menschen definieren, können wir unser Denken in neue Dimensionen ausweiten. Die Widersprüche in den Männerbildern – die auch wir Frauen entwickeln – verdeutlichen, dass die Entwicklung der Geschlechter im Laufe der Zeit nicht linear ist. In der Tat hat sich das Verständnis des modernen Mannes erheblich gewandelt. In einer Zeit, in der sich die Rollen für Frauen und Männer ständig ändern, ist es wichtig, neue Gedankenräume zu schaffen, um DAS Liebesglück zu entfalten. In neuen Dimensionen denken: Wir müssen uns dafür öffnen, inwiefern geschlechtliche Identität eine Rolle spielt und uns überlegen, wie wir uns selbst und andere respektvoll wahrnehmen und behandeln können. Dies erfordert ein neues Verständnis für uns selbst, denn bei uns selbst beginnt ein offenes Ohr für die Vielfalt menschlicher Erfahrungen. Erst wenn wir diesen Schritt machen, können wir auch wirklich anfangen, neue Weiblichkeits-/Männlichkeitsbilder zu erschaffen, die zu einer toleranteren, gleichberechtigten und auch inklusiven Gesellschaft beitragen und auf unser Glück einzahlen!

Die Auswirkung des Idealbildes eines Mannes auf romantische Beziehungen

Die Idee des perfekten Mannes ist seit Jahrhunderten ein fester Bestandteil unserer Kultur. Aber wie wirkt sich das Idealbild eines Mannes auf unsere romantischen Beziehungen aus? Romantische Beziehungen sind ein zentraler Bestandteil unserer sozialen Interaktionen, daher ist es wichtig, dass wir uns darüber im Klaren sind, wie sich das Idealbild eines Mannes auswirken kann. Oft ist es so, dass solche Prägungen eine starke Rolle in der Art und Weise der Interaktion spielen, die zwischen den Partnern stattfindet. Meine tägliche Arbeit zeigt mir, wie wichtig es ist, dass Männer und Frauen ihre eigenen Erwartungen an eine romantische Beziehung hinterfragen und sich nicht durch überholte Rollenbilder einschränken lassen. Also, liebe Ladys, lasst uns unsere Ziele hochstecken und unser Lebens- und Männerbild mit Mut, Kraft und Vertrauen ganz aus dem Herzen kreieren! Du hast es dir verdient, das Bild des für dich besten Mr. Right zu schaffen und ihn in dein Leben zu ziehen! Ohne Vorgaben von außen. Nur aus dir selbst heraus.

Wenn du mehr dazu erfahren und/oder dich über dieses Kapitel hinaus inspirieren lassen möchtest, höre gerne in meinen lebendigMACHER Podcast, Folge 13, rein! Dort geht es noch einmal ausführlich um die Männerbilder.

Ziel & Zielbestimmung

» **Nur wer sein Ziel kennt, findet den Weg.** «

Laozi

„Alexandra, ich bin so froh, dass ich nun endlich mit deiner Hilfe mein Leben ändern kann. Ich hätte nie gedacht, dass ich darauf mal so viel Lust haben würde." Dies ist einer der häufigsten Sätze, den mir meine Mentees zur Begrüßung entgegenschmettern. Obwohl, nein. Ich korrigiere, die wohl häufigste Aussage zum Start ist: „Im Grunde habe ich gar keine Ahnung, was mir wirklich guttun könnte. Bisher ist es ja immer schiefgegangen." Gefolgt vom Dank, dass es nun positive Bewegung im eigenen Leben gibt.

Wenn ich behutsam nachfrage, ob meine Mentees jemals ein eigenes Lebensziel gesteckt und definiert haben, werde ich mit großen Augen angesehen. In diesem Buch geht es um deine zielführende Art, dein Leben auf ein neues Level zu heben. Auf eine erfüllte Art zu lieben, die bereits in dir angelegt ist und doch aufgrund vieler einzelner Erfahrungen sozusagen verschütt gegangen ist. Der wichtigste Mensch in deinem Leben solltest immer du sein. Oft vergessen wir das in unserem Alltag, weil uns Aufgaben und andere Menschen wichtiger erscheinen. Wir stellen unsere Bedürfnisse zurück, weil noch etwas Wichtiges abzuarbeiten ist. Auf der Strecke bleibt dabei die Orientierung in deinem Leben – du verlierst den Fokus für dich und dein Lebensglück. Wo aber kommen wir ohne Ziel und Zielbestimmung hin? Hast du dich schon mal in einem völlig fremden Land ohne Navigationssystem auf die Suche nach einem ganz abgelegenen Fleckchen Erde gemacht? Dieses Bild wird dir deutlich einleuchten, denn es gehört mittlerweile zu unserer alltäglichen Gewohnheit, Dinge zu googeln und das Navi zu nutzen. Gut, wir meckern es auch mal laut an, wenn es Unsinn macht ... Wir selbst sind natürlich nicht verantwortlich. Wir suchen als gängiges Verhaltensmuster die Verantwortung lange Zeit außerhalb von uns.

Es ist erstaunlich, wenn ich in Live-Workshops die Gruppe nach der Fokussierung frage und dann in gleich mehrere fragende Gesichter blicke. Es ist wie mit den gezeichneten Fragezeichen, die über den Köpfen umherschwirren. Wenn wir wissen, wer wir sind und was wir wollen, fällt es uns leichter, mit neuen Situationen umzugehen und diese zu erschaffen. Wie sollen wir den für uns richtigen Weg finden, wenn wir nicht wissen, wo wir hinwollen? Dieses Buch ist ein Leitfaden für Selbstakzeptanz und Fokussierung, um mental belastende Dinge aus dem Weg zu räumen und Klarheit zu schaffen. Im Leben geht es immer um Orientierung. Noch so viel Erkenntnis und Coaching, Begleitung, Literatur, YouTube-Videos etc. können nichts ausrichten, wenn das Ziel undefiniert bleibt. Jeder braucht einen Nordstern. Einen Ort, den er auf der Reise des Lebens erreichen will.

Kennst du deinen Nordstern?

Wer jetzt an einen Platz außerhalb von sich selbst denkt, irrt. Ein gutes Verhältnis zu deinen Gefühlen offenbart dir viele wertvolle Botschaften aus dir selbst heraus. Der Ort, den du im

Grunde suchst, liegt in dir selbst. Dass sich mit zunehmendem Bewusstsein auch schöne neue Erfahrungen in der Außenwelt zeigen, ist klar. Nur beginnen wir nicht mit der Suche in der Welt draußen, den Startpunkt macht die Wahrheit in uns aus. Vordergründig mag das Anliegen für ein Mentoring der Mr. Right sein, den du in dein Leben ziehen magst. Das ist nachvollziehbar und, wie die vorherigen Kapitel zeigen, eine Art Grundbedürfnis in uns. Das Ziel der Liebe ist damit schon einmal definiert. Was empfindest du, wenn ich dir nun sage, dass wir erst einmal einen Kurswechsel gemeinsam vornehmen? Du wirst zuerst zu deiner eigenen Mrs. Right, bevor wir zum Mr. Right für dein Leben aufbrechen! Du wirst zum Fixstern deiner Bemühungen und stellst ab jetzt dein Ziel dar! Die Fokussierung in deinem Leben ist ein unverzichtbarer Faktor für persönliches Wachstum und Erfolg – egal bei welchen Themen.

Unsere Ziele zu definieren und uns auf die Schritte zu konzentrieren, die wir unternehmen müssen, um sie zu erreichen, haben wir lange umgangen. Häufig, um Schmerz zu vermeiden und weil in uns aufgrund erlernter Muster so viel Unklarheit vorherrscht. Eine effektive Fokussierung erfordert Disziplin und Konzentration. Es bedeutet, dass wir uns bewusst auf bestimmte Aufgaben und Prioritäten konzentrieren müssen, während wir gleichzeitig andere Dinge ausblenden. Es erfordert auch ein gewisses Maß an Selbstreflexion und -disziplin, um zu verstehen, was uns wirklich wichtig ist und welche Ziele wir in unserem Leben verfolgen möchten. Dies alles bedeutet jedoch nicht, dass es ein Kampf ist, das Liebesglück zu entfalten. Ziel meiner Arbeit an deiner Seite ist es, die Erfolge mit dir aus deiner Tiefe zu kreieren – ohne Kampf, denn Zielbestimmung ist keine Kopfsache! Ziele zu stecken und zu erreichen, ist eine Frage des Bewusstseins! Dieses Fünkchen Klarheit für dich selbst und deine kraftvolle Schöpferkraft aus dir heraus, wird dein neuer Zustand, wenn du loslässt.

Solange Ziele dem Kopf entstammen, bleibt die Mühelosigkeit aus. Natürlich wird ein Fokus mit dem Verstand erörtert, denn wir sind nun mal Wesen mit einem Gehirn und dazugehörigen Reflexen, die uns dienlich durch das Leben tragen. Ich schreibe hier von dieser anstrengenden Mühe. Du kennst sicherlich dieses Gefühl, dass du dich anstrengst und dennoch nicht in einen Fluss kommst. Alles wirkt irgendwie bedrückt und erschwert, obwohl du es doch so sehr versuchst. Als zentrale Botschaft möchte ich dir mitgeben, dass die Reise des (Liebes)Lebens an erster Stelle die der Intuition ist, aus der alles heraus fließt. Wahre Emotionen sind der Wegweiser bei der Zielbestimmung. Und da schließt sich auch der Kreis zu den vorherigen Kapiteln, denn gerade diese Gefühle sind häufig von Glaubenssätzen, vorherigen Erlebnissen und unseren Ahnen geprägt. Allmählich wirst du ein Muster in meinen Kapiteln erkennen. Selbst wenn es chronologische Abschnitte von 1 bis 10 sind, greifen alle Inhalte wie die Zahnrädchen eines Präzisionsuhrwerks ineinander und sind untrennbar miteinander verbunden.

Fokussierung im Leben bedeutet nicht, dass wir uns auf nur eine Sache beschränken müssen. Wir können mehrere Ziele verfolgen, aber es ist wichtig, dass wir uns unserer Selbst bewusst sind und uns auf die Schritte konzentrieren, die notwendig sind, um jedes Ziel zu erreichen. Wir sollten uns auch bewusst sein, dass unsere Prioritäten sich im Laufe der Zeit ändern können und dass es wichtig ist, unsere Fokussierung

Ziele und Prioritäten können und sollten sich je nach Lebensphase verändern. (vgl. Selbstaktualisierungstendenz von C. Rogers)

regelmäßig zu überprüfen und anzupassen. Eine effektive Fokussierung kann uns helfen, Hindernisse zu überwinden und unsere Visionen zu erreichen. Sie kann uns auch dabei helfen, Zeit und Energie zu sparen, indem wir uns auf die Dinge konzentrieren, die uns wirklich wichtig sind. Eine unklare oder fehlende Fokussierung kann uns hingegen ablenken und uns daran hindern, unser Glück zu erreichen. Doch um Zeit soll es hier nicht gehen, denn jedes individuelle Tempo ist das perfekte! Meine Mentees sind jeden Alters und das ist wundervoll. Niemals ist jemand zu alt oder zu jung, um seine Ziele und damit sein Leben zu definieren und/oder neu auszurichten.

Einzig und allein der Impuls aus der Tiefe ist wegweisend. Sich zu lieben und zu fokussieren: Das ist das Geheimnis der Glückseligkeit. Hier geht es darum, wie wir uns selbst lieben und uns auf das Wesentliche fokussieren können, um ein erfülltes und glückliches Leben zu führen. Wie man das Geheimnis der Glückseligkeit entdecken und anwenden kann, ist deutlich, wenn du wahrhaftig fühlst, dass du genug bist!

Lieben und fokussieren sind als Geheimnis der Glückseligkeit gar nicht so geheimnisvoll, wie sie zunächst wirken: Gemeinsam mit mir an deiner Seite schaffst du einen inneren Zustand, der durch die Konzentration auf das Positive in unserem Leben erreicht wird. Wenn wir uns darauf konzentrieren, was wir mögen, wann es uns gut geht und was uns Freude bereitet, werden wir glücklicher. Es ist ein tiefer Zustand der Zufriedenheit und Dankbarkeit, der uns zur Ruhe kommen lässt und uns dazu bringt, uns auf das Hier und Jetzt zu fokussieren. Wenn wir uns auf das Positive in unserem Leben konzentrieren, nehmen wir uns die Zeit, uns selbst und andere zu lieben.

Wir können uns darauf konzentrieren, welche Eigenschaften wir an uns mögen, was uns ein Gefühl von Wert und was uns Kraft gibt. Wir lernen, uns zu uns zu schätzen und zu respektieren. Erst durch diese Liebe zu uns selbst können wir eine tiefere Liebe zu anderen entwickeln – wir richten den Fokus!

So wie man Ziele setzt, liebt man?

Wie man liebt und fokussiert: Ich glaube, dass Liebe und Fokus die Geheimnisse der Glückseligkeit sind. Wenn wir uns darauf konzentrieren, die Menschen zu lieben, die uns am nächsten sind, und dabei bei uns selbst starten, ist dieses tiefe Gefühl der inneren Ruhe das größte Ergebnis. Erst wenn wir uns auf das konzentrieren, was uns echtes Glück und Freude bringt, können wir uns auf ein Leben des Glücks und des inneren Friedens einlassen. Zwar sind Arbeit und Reflexion erforderlich, die Belohnungen jedoch sind unbezahlbar. Ein lohnenswerter Weg also, der uns durch unser ganzes Leben begleitet. Du hast sicherlich dieses Bild vor Augen. Dieses ausgemalte Traum-Szenario, das wir erdenken, aber niemals live erleben. Reicht dir das? Nein! Sonst hättest du dieses Buch jetzt nicht in deinen Händen, wenn der Wunsch nach aktiver Veränderung nicht in dir schlummern würde. Ein Satz von Franz Kafka hat sich mir damals eingebrannt, als ein spezielles Thema meines Lebens stagnierte:

» Wege entstehen dadurch, dass man sie geht. «

Dieses Buch in deinen Händen ist ein Teil deines neuen Weges.

Alles zahlt in Wechselwirkung auf unser Liebesglück ein!

Was war denn nun zuerst da? Die Zielbestimmung, die innere Balance oder die Liebe in uns? Im Grunde ist es das Henne-Ei-Prinzip. Alles zahlt in Wechselwirkung auf unser Liebesglück ein. Fakt ist, dass diese Punkte auch alleine Bestand haben und sich positiv auswirken. Wir alle können uns lieben und es ist noch kein Mr. Right in Sicht. Der Flow kann deutlich spürbar sein und Mr. Right ist erst auf dem Weg. Die innere Balance und der damit verbundene Frieden in dir kann auch dazu führen, dass du vorerst gar keinen Mr. Right möchtest, da du Glück empfindest und dein Leben liebst. Wie wir unsere Glückseligkeit vergrößern können, ist ganz simpel: Wir können uns daran erinnern, dass Liebe zu uns selbst das Geheimnis der Glückseligkeit ist. Wenn wir uns auf das konzentrieren, was wir lieben – uns selbst –, werden wir die schönen Dinge des Lebens zunehmend mehr zu schätzen wissen und als geniale Folge mehr davon bekommen. Lasst uns uns darauf konzentrieren, was uns Freude bereitet!

Werden wir uns doch bewusster, was uns in unserem Leben wichtig ist, wie wir unsere Zeit aufwenden, und finden wir einen Weg, mehr Zeit für die Dinge zu haben, die uns wirklich glücklich machen. Es ist kein Geheimnis, dass Lieben und Fokussieren ein wichtiger Schlüssel zur Glückseligkeit sind. Egal, ob man sich selbst, Familie, Freunde, Kollegen, eine Sache oder ein Projekt liebt und fokussiert, dies gibt uns ein Gefühl von Zufriedenheit und Erfüllung. Wenn wir jeden Tag zielgerichtet leben, uns liebevoll und fokussiert verhalten, werden wir mit hoher Wahrscheinlichkeit die Glückseligkeit erfahren, die wir uns wünschen. Lieben und Fokussieren sind dabei ein ständiger Prozess, den wir immer wieder üben müssen.

Die Liebe ist ein Gefühl, das jeder kennt, und doch ist sie so unbeschreiblich. Viele suchen nach der perfekten Person, dem perfekten Ort oder der perfekten Zeit, um zu lieben. Doch die Wahrheit ist, dass es kein perfektes Ziel für die Liebe gibt, außer uns selbst! Die Liebe kommt, wann immer es unsere innere Schwingung zulässt. Sie ist etwas Besonderes und Unbeschreibliches und kann nicht planbar sein, wenn unser Verstand es erzwingen will. Wenn du also bereit bist, dein Herz zu öffnen, solltest du es auch frei lassen. Lass es von der Liebe führen und du wirst sehen, dass alles Wichtige in deinem Leben mit ihr verbunden sein wird. Wie man Liebesfähigkeit durch Zielbestimmung und Fokussierung steigert, ist ein Prozess, da unser Leben voller Entscheidungen ist. Wir treffen Entscheidungen über unsere Karriere, unser Zuhause, unser soziales Leben und unsere Beziehungen.

Eine der wichtigsten Entscheidungen ist, Liebe zu geben und zu empfangen. Zielbestimmung bedeutet auch, zu definieren, was du von einer Beziehung erwartest. Es geht nicht nur darum, was du kognitiv willst, sondern auch darum, was dein Herz wünscht. Welche eigenen Werte transportierst du bewusst und unbewusst nach außen? Kennst du deinen eigenen Wert? Welche Treiber/Motivatoren, neumodisch: „Beliefs", umgeben dich und deine Visionen vom Leben und der Partnerschaft? Dies ist ausschlaggebend dabei, sich selbst und später die richtige Person zu finden oder sich auf eine bestehende Beziehung zum ersten Mal wirklich bewusst einzulassen – sich auf die Liebe einzustellen. Einige Fragen können helfen, Ziele besser zu verstehen: Welche Art von Beziehung möchte ich? Was möchte ich in meiner Beziehung erreichen? Welche Persönlichkeitsmerkmale schätze ich bei meinem Partner? Welche Interessen möchte ich teilen? Welche Werte habe ich und welche erwarte ich von meinem Partner?

Das Setzen von Zielvorgaben für eine gesunde Beziehung ist ein wichtiger Schritt in Richtung Liebesfähigkeit. Primär geht es dabei um die Beziehung zu dir selbst! Wenn man seine Ziele definiert hat und weiß, worauf man sich bei einer anderen Person verlassen kann – ob es um emotionale Unterstützung oder gemeinsame Interessengebiete geht – führt dies automatisch dazu, dass man sich selbst besser versteht. Deine Erwartung an Mr. Right zeigt, wo du stehst und wie du liebst! Die meisten von uns haben gelernt, sich auf andere Menschen oder Dinge zu fokussieren, anstatt sich selbst zu finden. Wenn wir jedoch in der Lage sind, unsere Liebesfähigkeit zu entdecken und darauf zu fokussieren, können wir unser Leben in eine Richtung lenken, die uns glücklich macht. Diese Punkte wirst du sicherlich nachvollziehen können und jetzt komme ich als Erklärbär: Als unleidigen Trend zur Ideen- und Ziellosigkeit gibt es ebenso die vielen übertriebenen und völlig überzogenen Vorstellungen, die null mit unserer Realität in Einklang zu bringen sind. Sie können uns sehr im Weg stehen, da Ego und gesellschaftlicher Druck dominieren, nicht aber unsere Herzen.

Doch wie kommt man jetzt zur richtigen Definition der Ziele? Ebenso wie die Lösung alter Glaubenssätze ist auch die Arbeit an seinen Zielen mit den Themen aller anderen Kapitel meines Buches verknüpft. Jeder Abschnitt ist allgemein gültig und steht dennoch in Wechselwirkung mit allen anderen Inhalten. Es wird dich überraschen, dass die Ziele deines Lebens und Herzens genauso funktionieren, wie jene, die wir aus dem Business kennen. Sicherlich hast du schon einmal gehört, dass eine zielführende Definition von Zielen immer dann gegeben ist, wenn Ziele SMART sind. Die Methode soll als Faustregel dabei helfen, Ziele messbarer und damit erreichbarer zu machen. Die Buchstaben stehen für spezifisch, messbar, ausführbar, realistisch und terminiert.

Und was soll das alles? Wir haben bisher erfahren, dass gerade die ausbleibende Zielbestimmung ein wesentlicher Punkt bei der Arbeit an unserem Leben ist. Niemals würden wir das Navigationssystem anbrüllen, wenn wir es nicht einschalten und es uns dann logischerweise auch nicht an unser gewünschtes Ziel führt. Wie also soll die Fülle in dein Leben kommen, wenn du nicht bestimmst, was dein Glück ist, oder auch herausfindest, was dem eigenen Liebes- und Lebensglück an alten Blockaden im Weg steht? In diesem Kapitel möchte ich dir mit auf den Weg geben, der alten Unklarheit an den Kragen zu gehen und allmählich bewusster auf dein Leben zu schauen, indem du deine Ziele definierst.

SMART-Ziele stehen in der Kurzfassung für:

- spezifisch (specific)
- messbar (measurable)
- ausführbar (achievable)
- realistisch (realistic)
- terminiert (time-bound)

Und an dieser Stelle kommt eine spannende Ergänzung hinzu: Im Mentoring sind deine definierten Ziele spezifisch und nur für dich selbst – nicht für jemand anders! Alle deine Visionen gehören zum ersten Mal im Leben nur dir selbst und sind gelöst von allen Anhaftungen, Vorgaben der Gesellschaft oder Prägungen durch die Vorfahren oder das soziale Umfeld. Denke daran, dass deine spezifische Zielbestimmung prägnant formuliert sein sollte und kein allgemeines Ziel. Eine zu diffuse Vision sorgt dafür, dass du genau an derselben Stelle bleibst, an der du bisher auch warst.

Ist deine Vision schon messbar? Dieser Punkt deiner Kreation zeigt an, wie nachvollziehbar deine eigene Vorstellung ist. Deine Ziele sollten objektiv messbar sein – ob eine Frist, eine Zahl, eine prozentuale Änderung oder ein anderer Messwert.

Deine Ziele sollten nicht zu einfach sein – zum ersten Mal darfst du dich nun trauen, nach den Sternen zu greifen. Stelle dennoch sicher, dass du deine Ziele auch umsetzen kannst. Bist du schon am Punkt angekommen, an dem du zum Beispiel die Liebe mit dir und Mr. Right aus vollem Herzen leben kannst?

Das „A“ und das „R“ in SMART sind eng verknüpft. Ziele sollten nicht nur ausführbar, sondern auch realistisch sein. Ein Ziel mag vielleicht erreichbar scheinen, zwischen wünschen und glauben kann manchmal eine ganze Welt liegen. Mehr dazu findest du im kommenden fünften Kapitel.

Aus dem Businessbereich wissen wir, dass SMARTE Ziele ein Enddatum haben sollten. Ohne einen festgelegten Zeitrahmen könnte sich für dich eine Art ewige Warteschleife ergeben, die dich unzufrieden stimmt. Damit ist natürlich nicht gemeint, dass du von jetzt auf gleich ein Datum definieren sollst, an dem Mr. Right vor deiner Türe steht und klingelt. Es geht darum, dass du dich selbst mit deiner Arbeit an dir, an deinem Lebensglück innerlich verpflichtest. Dass du dranbleibst und bewusst Ziele steckst. Stellen sich diese auf zu lange Dauer nicht ein, solltest du dir professionelle Hilfe holen, denn dies zeigt bestimmte Blockade-Muster auf. Dies ist Teil der neuen Art, liebevoll an dich und dein Lebensglück zu denken.

Hast du Lust, deine alten Ziele, die dich in die eine oder andere Sackgasse geführt haben, mit mir über Bord zu werfen und unglaublich kraftvolle neue Visionen und Ziele mit mir als deiner Begleitung aufzubauen? Auf die Ziele, fertig, los!

Wenn du noch mehr dazu erfahren willst, kannst du gerne meine lebendigMACHER Podcast-Folgen 15 und 16 für dich entdecken!

Die Transformation

» **Die Geste der Verbitterung eines Menschen ist häufig nur die versteinerte Verwirrung eines Kindes.** «

Franz Kafka

Bei der Reise mehr Halt in sich selbst zu finden, geht es um ganz viel Bewegung. Klingt ziemlich verrückt, oder? Wie du deinen sicheren Ort in dir findest und alte Dinge, die dich belasten, loslässt, hat ganz viel mit Aktion zu tun. Wusstest du, dass du so einmalig bist, dass dein Fingerabdruck genau einmal auf der Welt existiert? Genauso einzigartig wie dieser persönliche Abdruck ist dein Bewegungsprofil – und damit meine ich nicht jenes beim Jogging. Das Tempo, in dem du dich zum befreiten Leben entfaltest, gehört einzig und alleine dir. Bei fast 8 Milliarden Menschen auf der Erde ist deine Einzigartigkeit ein erhellender Faktor, wenn du mal an dir zweifelst. Halte dir vor Augen, wie speziell deine eigene Schönheit ist – das ist auch ein Teil der inneren Bewegung hin zum Lebens- und Liebesglück.

„Eigentlich habe ich mich in meiner Welt ganz gut eingerichtet." Diesen Satz integriere ich in mein Mentoring mit viel Empathie, denn wenn alles perfekt wäre, würdest du den Weg zu mir nicht suchen oder nach diesem Buch greifen. Auf Veränderung zu hoffen und alles beim Alten lassen zu wollen, ist so sinnvoll, wie am Bahnhof zu stehen und auf die Ankunft eines Schiffes zu warten. Ein netter Spruch, den du im Social-Media-Bereich bestimmt schon einmal gesehen hast. Bisher hast du einen tiefen Einblick in meine Begleitung und Gestaltung von Veränderungsprozessen erhalten. Alle Punkte sind wesentlich

und haben eine eigene Dynamik. Die Transformation stellt im Mentoring einen besonderen Moment und damit einen Wendepunkt dar. Dieser eine entscheidende Moment, in dem Körper, Geist und Seele auf „READY TO GO für das Lebens- und Liebesglück“ gesetzt werden.

Der Weg aus der Komfortzone hin zum Etablieren und Erreichen neuer Ziele ist abwechslungsreich und nicht immer gleich lang. Einen Tag begehen wir einen ganzen Marathon, am anderen Tag schaffen wir kleine Schritte. Und sicherlich kommen auch Zeiten dazwischen, in denen man die Bewegung der Welt auf der Couch liegend interessiert beobachtet und in diesem Moment gar nichts macht. Das Beste daran ist, dass auch dies eine Form von Entwicklung ist, denn sie ist in vollem Gange, sobald man sich damit zu beschäftigen beginnt. Wer einmal den Geist der Veränderung mitbekommen hat oder den tiefen Wunsch nach Wandel in sich hatte, wird das neue Bewusstsein nie mehr löschen können. Es gibt keinen Weg zum Kenntnisstand von zuvor zurück, so dass irgendeine Form von Bewegung immer auftaucht. Aber da geht noch viel mehr und darum soll es an dieser Stelle gehen.

Zwischen Wollen und Glauben an ein Ziel, das man sich zum Beispiel mit Blick auf den „richtigen“ Mann/Partner gesteckt hat, können Welten liegen. Ein wesentlicher Aspekt, der eine grundlegende Transformation der inneren Art, sich auszurichten, erfordert. Wie wir in den hermetischen Gesetzen gelernt haben, hat alles zwei Pole. Ähnlich kannst du auch den Willen und den Glauben in dir betrachten, denn beides muss nicht zwangsläufig miteinander im Einklang sein. Mehr noch kann beides zunächst sehr gegenteilig sein. Wie etwas in uns wirkt, ist einerseits dem Aufbau und der Funktionsweise des Gehirns geschuldet und greift andererseits mit dem zusammen, was unsere Art zu denken und zu fühlen geprägt hat. Etwas zu wollen findet simpel erklärt vorne in unserem Gehirn statt. Das ist der Ablauf der Kognition im sogenannten Neocortex. Dort laufen einfach erklärt das Erleben, Denken, Fühlen und gezieltes Handeln ab. Der tiefe Glaube hingegen – mit den Dingen, die wir uns ausdenken – verankert dort Annahmen, Glaubenssätze und auch Blockaden, die sich dann als Ergebnistypen und Erlebnisse sozusagen in der Außenwelt spiegeln.

Ob wir also an die Zielerreichung mittels unseres Nervensystems glauben, ist Ausdruck des Innersten und uns in den meisten Fällen nicht bewusst. Wir wundern uns über Ergebnisse, die uns missfallen, oder über Dinge, die sich nicht erfüllen, können diese aber keiner Ursache zuordnen. Und erst recht bekommt unser Verstand keinen Rückbezug hin, dass der Grund wir selbst sind – unser Glaubenssystem aus alten Annahmen und Glaubenssätzen, das uns im Weg steht.

Zum ersten Mal hatte ich mit diesem Phänomen zu tun, als ich für für große Agenturen und in Großkonzernen tätig und Geschäftsführer sowie Inhaber begleitet und beraten habe. Aufgefallen ist mir, wie sie von Unternehmens- und Umsatzzielen berichtet haben, ohne selbst an das Gesagte zu glauben. Heute weiß ich durch meine Expertise, dass es zwei wesentliche Dinge sind, denen wir Beachtung schenken dürfen: Ob wir ein Ziel erreichen, hängt nicht davon ab, ob wir es ganz innig wollen und wünschen, sondern ob wir daran glauben, etwas erreichen zu können! Denkst du, etwas zu wollen, und dein inneres unbewusstes Glaubenssystem sendet dir Zweifel oder Unglaube, mühst du dich vergebens ab.

Im Grunde ist jedes Kapitel, in das du hier einsteigst, ein Teil tiefer Transformation. Jedes Kapitel meines Buches ist auch ein eigener Abschnitt der Mentoring-Reise. Speziell die Transformation empfinde ich als herausragend dynamisch, weil es live in mehreren Tagen mit mir dabei ans Eingemachte geht. Live und in Farbe widmen wir uns gemeinsam der tiefen Transformation, bei der es den mentalen Stolpersteinen an den Kragen geht. Oft werde ich gefragt: „Kannst du die genannten Unterschiede irgendwie bildlicher erklären?“ Die Frage ist durchaus berechtigt, denn ein schönes Bild vor dem inneren Auge ist nicht nur unterhaltsam, sondern auch nachhaltig einprägsam. Mein geschätzter Kollege, Coach und Trainer Alexander Hartmann hat ein sehr treffendes Bild gestaltet, dessen ich mich an dieser Stelle bedienen möchte.

In seinem Buch „Mit dem Elefanten durch die Wand“ beschreibt Alexander den Reiter als das Ziel, das Wollen. Der Elefant ist dabei das Unterbewusstsein. Das entspricht ungefähr der proportionalen Aufteilung unseres Gehirns. 5 bis 10 Prozent sind kognitiv, also vorn im Gehirn angesiedelt als das Wollen. Unter anderem geprägt durch das gesellschaftliche Abbild. Der gesamte Rest spielt sich hinten in unserem Gehirn im Unbewussten, ab. Das ist der Glaube, verkörpert durch den Elefanten, der 90 bis 95 Prozent ausmacht.

Lieber Alexander, dir gilt mein Dank für diese tolle Arbeit!

Während der Kopf will, dass wir links abbiegen, spricht der Elefant mit seiner Dominanz eine ganz andere Sprache. Wenn er will, dass Stillstand vorherrscht, kann der Wille rein gar nichts ausrichten. Wenn der Elefant will, dass wir stehen bleiben, lächelt er müde über den Willen (den Reiter). Möchte dieser nach links gehen, bewegt sich der Elefant keinen Milli-

meter, wenn er keine Lust hat. Der Elefant in uns – das sind alle Muster, Annahmen und bekannten Glaubenssätze sowie Schutzhaltungen – lenkt unsere Bewegung im Leben. Sie stellen zum Beispiel die für den Elefanten leckeren Gräser, Blätter oder Wurzeln rechts am Wegesrand dar, die das Bekannte ausmachen. Wittert der Elefant der bildlichen Schilderung nach etwas Neues und somit Gefahr, blockiert in ihm alles. Keine Chance auf Veränderung oder neue Dinge im Leben. Wir alle sind stellenweise dieser Elefant, wenn es um neue Wege geht. Nicht, weil wir alle etwa einen dicken und faltigen Po haben, sondern weil unser Gehirn auf das Gewohnte programmiert ist, um nicht in die Gefahr (emotionaler) Verletzung zu kommen. Es geht ja schließlich, und das ist zutiefst Menschliches, um die Vermeidung jeglicher Gefahr, es geht ums Überleben und die Arterhaltung. Das sind jedoch sehr alte Muster, die uns in der heutigen Zeit nicht mehr dienlich und notwendig sind und Veränderung und Persönlichkeitsentwicklung verhindern.

Eine Reise der Transformation zu unternehmen, bei der wir lernen, loszulassen und uns selbst zu lieben, ist jener Schritt, bei dem aktiv etwas geschieht. Der transformative Teil der Herzens- und Liebesarbeit erzeugt, dass Wollen und Glauben am Ende als feste Einheit in Einklang sind. Der Elefant und der Reiter kennen beide das Ziel, glauben daran und gehen gemeinsam daraufhin los.

Grundlegend bezieht sich Transformation auf den Prozess der Veränderung oder Umwandlung eines Objekts oder einer Entität in eine andere Form oder einen anderen Zustand. „Wie soll denn eine Veränderung oder Umwandlung von mir selbst ablaufen, wenn ich nicht mal die neue Haarfarbe ausprobieren will?“, wirst du an dieser Stelle möglicherweise fragen. Es geht nicht darum, dass du umgekrempelt wirst – sukzessive erfährst du eine Art Reinigung innerer Räume. Wie eine Art Frühjahrsputz, nachdem alle Zimmer in neuem Glanz erstrahlen. Auch wenn jemand es noch so will, ist eine behutsame Arbeit am inneren System die stärkste Transformation, die ein Mensch durchlaufen kann. Niemand hat etwas davon, wenn wir im Schmerz und Trauma wühlen. Härte erfahren wir in dieser Welt bereits genug, sodass im Mentoring mit mir eine sanfte Methodik, glasklare Prozessorientierung und ein mitfühlendes Gegenüber voller Erfahrung, Klarheit und Stabilität die Rahmenfaktoren sind, denn der Weg soll Freude bereiten!

Tiefgreifende und nachhaltige Veränderung entsteht genau dann, wenn ein liebevolles Miteinander vorherrscht! Ich sitze niemals mit einem „Skalpell“ neben dir und dennoch kann ich Dir – mit viel Erfahrung und Einfühlungsvermögen – helfen selbst direkt die Stellen im Hirn und Nervensystem zu bearbeiten, die mit dem alten Schmerz verkoppelt waren. Bildlich gesprochen werden jene Stellen bearbeitet, an denen eine Art falsche und schmerzhafte „Verlötung“ in unserem System vorliegt.

Das ist keinesfalls ein Heilversprechen. Das ist eine Darstellung eines möglichen Prozesses.

Dies ist kein Vorwurf, denn wir sind alle wundervoll. Jede von uns trägt Wunden in sich, die wie kleine Mikrorisse im emotionalen Korsett sind. Ich möchte dir nur verdeutlichen, wie du mit meiner Hilfe liebevoll alles „abdeckst“, so dass zukünftig die alten Verletzungen und Schmerzenergien im Nervensystem nicht mehr „angesprochen“ werden können. An die Stelle des alten Systems bauen wir noch in der Sitzung ein neues und konstruktives Glaubenssystem, das dich fortan lenkt

Danke lieber Adrian, lieber Lucas und lieber Rainer für Eure grandiose Arbeit und Inspiration!

und führt. An dieser Stelle geht mein ganz herzlicher Dank an meine Ausbilder und Mentoren Adrian Schweizer, Lucas Derks und Rainer Wawrzik für Ihre inspirierenden Lehren und wirksame Methoden rund um den mentalen Raum.

Wollen ist nicht Glauben!

Die Transformation der Persönlichkeit mit seinen alten Anhaftungen und dem tiefen Glaubenssystem ist ein Prozess, bei dem wir anstreben, unser volles Potential zu erkennen und zu entwickeln. Grundlegend ist, dass wir uns mit unseren inneren Motivationen auseinandersetzen und versuchen, herauszufinden, was uns antreibt. Ist der Anreiz ein schnelles Ziel in der Außenwelt, rate ich ab, denn ein Prozess der Transformation sollte nur dem Zweck des inneren Kraftgewinns, der Klarheit und der Erfüllung des Herzenswunsches dienen, nicht aber des Quick-Fixes. Also schnell mal affirmieren und eine neue Methode zur „Manifestation des Traummanns in 7 Tagen" als fancy Lifestyle sind leere Hülsen, die nur Frust erzeugen. Findet die Stelle alter Annahmen eine „Entkopplung vom Schmerz" und keinen konstruktiven und liebevollen Ersatz für die bisherigen Annahmen und Glaubensmuster, ist unser Erinnerungsvermögen so stark, dass alte Muster erneut dazwischenfunken könnten.

„Durch diese Achtsamkeit gegenüber meinen Gefühlen und Bedürfnissen habe ich gelernt, mit ihnen besser umzugehen. Zudem habe ich angefangen, mehr auf mich zu hören und meine Intuition stärker zu beachten. Durch all diese Veränderungen habe ich erfahren, mehr auf mich selbst zu vertrauen und meine eigenen Bedürfnisse in den Vordergrund zu stellen. Statt in die Verdrängung zu gehen, höre ich mir selbst und anderen zu. Ich lasse Räume entstehen, um Bedürfnisse zu erklären und sie zu erfüllen. Ich weiß jetzt auch besser als früher, wann es Zeit ist, loszulassen, und loszulassen gehört für mich nun endlich auch zum Leben dazu. Der größte Wandel jedoch ist wohl derjenige innerhalb von mir selbst – ich habe angefangen, mich selbst anzunehmen und zu lieben! Diese Veränderung hat viel Mut und Offenheit von mir gefordert – aber es war die Mühe wirklich wert." Dieses Feedback habe ich von einer jungen Mutter im Mentoring bekommen, die sich der Thematik ihrer Familie gar nicht bewusst war. Für sie hat sich eine neue Welt aufgetan, als sie gemeinsam mit mir durch schwierige Erinnerungen gegangen ist. Kannst du dir vorstellen, dass diese sogar bis zur Ebene der Epigenetik reichen können? Das heißt, dass die Erinnerungen in uns verankert sind und einige Generationen zurückreichen zu Menschen, von denen wir keine Ahnung haben, wer sie waren, und die dennoch in unserer Ahnenline liegen! Dies gilt es in jedem Einzelfall zu extrahieren und zu bearbeiten, damit übernommene Traumata, Verletzungen, Bündnisse, Geheimnisse, Versprechungen, Schutzhaltungen und sogar Flucht und Kriegsgeschehen als Blockaden im Hier und Jetzt endlich aufgelöst werden können. Eine riesige Prägung von Mustern liegt in unseren Breitengraden schon aufgrund von Kriegen und europäischer Geschichte allgemein vor.

Dein bisheriges Verhalten wird die Muster einer unbewussten Abschirmung vor Gefahren verkörpern, die unser Unterbewusstsein wittert. Ganz gleich, ob es zutrifft oder für den Nächsten völlig an den Haaren herbeigezogen wirkt.

Noch wird dein innerer Beobachter zusehen und sich bei diesen Zeilen fragen, welche Muster eventuell in ihm verborgen liegen. Meine Erfahrung zeigt, dass es von der allmählichen

Identifikation und einer mitfühlenden Wahrnehmung bis zur Transformation, die die wahre Superkraft in dir freisetzt, gar nicht so weit ist, wie es anfänglich scheinen mag. Zunehmend wird diese Lust darauf, die Chancenvielfalt in dir selbst zu erkennen, immer stärker, und das ist genau die Dynamik, die es zur transformatorischen Arbeit braucht. Was sehr gewaltig klingt, bringt auch eine Menge Freude mit. Diese unbändige Abenteuerlust und Energie des Aufbruchs. Bleibt dieser wesentliche Schritt der inneren Reinigung von Gedanken und Glaubensmustern aus, ist die Zielerreichung ausgeschlossen, diesbezüglich bin ich ebenso schonungslos ehrlich. „Ich finde den Richtigen und wir leben zusammen bis ans Lebensende" klingt für die eine wie ein in der Realität unerreichbarer Auszug aus einem Liebesroman.

Für die nächste zauberhafte Frau ist es ein Wunschtraum, der absolut erreichbar ist. Für beide Frauen gilt, dass sie die „minimalinvasive" und dennoch nachhaltige Technik meiner Veränderungs-Methodik dazu bringt, die schützende Mauer, die uns umgibt, einzureißen. Diese Barriere, die zwischen dem Glück und uns steht, obwohl wir sie gar nicht brauchen. Obgleich wir Veränderung wünschen, klammern wir uns wie ein Ertrinkender an die alten Umstände und Mechanismen. Aus Sicht der Hirnforschung total plausibel, für die Wunsch- und Zielerfüllung ein riesiger Felsbrocken auf dem Herzen und mitten im Weg.

Schluss damit: Das Nervensystem und das Unterbewusstsein können so bearbeitet werden, dass es den Glaubenssätzen als Schutzmechanismen aus einer anderen Zeit an den Kragen geht. Irgendwann war eine Situation unschön und hat uns dazu genötigt, unser Gehirn auf Abwehr, Überlebensmodus und Schutz zu stellen. Heute richten wir den Fokus auf Fülle – neue Möglichkeiten tauchen auf, der Blick weitet sich aus. Ist dir bewusst, dass wir im Leben einzig und alleine emotional an Alternativlosigkeit sterben? Gerne gehe ich zusammen mit dir durch die anspruchsvollen Momente – hin zur Leichtigkeit. Mit dem Ergebnis, dass du ganz erfüllt und inspiriert meine Räume verlässt. Nachhaltig und vollumfänglich positiv geprägt über Sprache, Sinne, Raum. Und wahrscheinlich zum ersten Mal nicht geprägt vom Kopf und den limitierenden Glaubenssätzen. Weil du und dein Liebesglück es dir wert sein dürfen!

Möchtest du mehr darüber erfahren, wie so ein dynamischer und kraftvoller Prozess der Transformation abläuft?

In Folge 18 meines lebendigMACHER Podcasts erhältst du einen exklusiven Einblick in die Praxis und das Gespräch mit einer echten Kundin, die von ihren Erlebnissen in der Zusammenarbeit mit mir berichtet. Auf der letzten Seite meines Buches findest du einen QR-Code, den du scannen kannst – so gelangst du sofort zu meinem Podcast. Viel Spaß damit!

> » **Transformation findet durch den Körper statt, nicht von ihm weg. Deshalb hat kein wahrer Meister jemals das Kämpfen gegen den Körper oder das Verlassen des Körpers befürwortet, obwohl ihre kopfgesteuerten Anhänger es oft getan haben.** «
>
> *Eckhart Tolle*

Auf deiner Reise zu mehr Selbstbestimmung bist du nun an einem Punkt angekommen, an dem du zunehmend mehr Bewegung erfahren möchtest. In der Außenwelt, körperlich, gedanklich, energetisch – alles kommt in einen neuen Schwung, der sich sehr belebend anfühlt. Mit steigender Wahrnehmung für deine Potentiale und die Qualitäten der Unabhängigkeit von alten Bremsklötzen am emotionalen Gerüst übernimmst du nun auch mehr Verantwortung für deine Bedürfnisse, die den Körper nicht aussparen. Wusstest du schon, dass ausgerechnet hinter Frust, Stress und Erschöpfung meistens vernachlässigte Bedürfnisse stehen? Paradox, dass nicht das „Zuviel" Ursache für Abgeschlagenheit ist, sondern das „Zuwenig" an Selbstfürsorge. Dabei gibt es sowohl körperliche als auch psychische Bedürfnisse, um die wir uns kümmern dürfen.

Es fasziniert mich seit langer Zeit, dass ich mit viel Fingerspitzengefühl im Feld der strahlenden Weiblichkeit wirken darf. Ich darf es ermöglichen, dass Frauen die tiefen Aspekte ihrer Selbst wieder in ihr Leben integrieren. Dazu zählen neben der Intuition und den neuen Bildern, die als Zielbestimmung des neuen Lebens kreiert werden, ebenso die Körperwahrnehmung und die Regulation des Nervensystems. Als psychologisch Wirkende ist es für mich von größter Bedeutung, dass ich gemeinsam mit dir alles hervorräume, was in dir ist. Wie ein Prunkstück, das lange Zeit unbeachtet im Keller stand und nun bestaunt, poliert und geliebt wird. Das bedeutet, Frauen zu einer neuen Weiblichkeit dort zu begleiten, wo es wesentlich wird: an den tiefen Übergängen des Frauseins.

„Aber mein Ziel ist doch der Mr. Right. Was hat das mit dem Body zu tun?“ Embodyment ist ein wesentlicher Faktor, der sich auf deine Geist-Körper-Seele-Balance auswirkt. Wenn wir uns die Zeit nehmen, unseren inneren Prozess zu vertiefen, uns entspannen und auf unseren Körper hören, erleben wir eine innere Dynamik der Ruhe, Bewegung und Empfindungen. Dadurch schaffen wir uns einen Raum des Bewusstseins, in dem wir uns unseren Erfahrungen stellen können. Je mehr inneren Raum wir entdecken, desto mehr transpersonale Ressourcen haben wir zur Verfügung, um die Informationen und Muster zu beobachten, die in uns und unseren Beziehungen wirken.

Dieser innere Raum bestimmt, wie empfänglich wir für das Lebens- und Liebesglück sowie unsere Mitmenschen sind. Er schafft einen heiligen Bereich für sichere Beziehungen, ehrlichen Ausdruck und die Erfahrung, bedingungslos akzeptiert zu werden – eine uralte und tiefe Sehnsucht aller Menschen. Es ist jenes Fleckchen, an dem eine tiefe Verbindung zwischen unserem Körper und den inneren Welten alles ausmacht, was wir zum Reifen und Heilen benötigen.

In der Achtsamkeit zu uns selbst – zu unserem Körper – erwachsen wunderschöne Blumenfelder in uns, die mit Worten kaum zu beschreiben sind. Als wesentlichen Teil transformatorischer Arbeit habe ich in den Jahren einen klaren Unterschied zwischen den Frauen gesehen, die lediglich theoretisch an der Veränderung arbeiten, und denen, die begonnen haben, ihrem Körper gebührend Aufmerksamkeit zu schenken. Selbstliebe ist nicht nur so dahergesagt. Es ist eine Art Tool, das dauerhaft Einzug hält, wenn man die Wirkung für sich und sein Leben einmal tiefgreifend erkannt hat. Was aber bringt die Aufmerksamkeit für den eigenen Körper bei der Blockadenlösung alles mit sich? Im Wesentlichen die Fähigkeit, sich selbst zu regulieren – eine bedeutende Schlüsselkompetenz, um seelisch zu wachsen und gesund zu bleiben.

Sicherlich hast du schon von der Aussage gehört, dass ein gesunder Geist nur in einem gesunden Körper existieren kann – das Prinzip greift umgekehrt genauso. Das Bewusstsein für diese ganzen Prozesse, die ich schildere, haben ihren Ursprung in meinem Leben für mich selbst gehabt – nur weil ich es selbst erfahren habe, kann ich meine Erkenntnisse heute weitergeben. Es begann alles vor Jahren, als ich versuchte, meinen Körper besser zu verstehen.

Danke liebe Sansara & lieber Sadhu für Eure grandiose Arbeit, Erfahrung und Liebe!

Ich wusste, dass ich mehr über meinen Körper lernen musste, damit ich mich besser fühlen konnte. Ich begann also, mehr über meinen Körper zu lernen und über die verschiedenen Möglichkeiten, die mein Körper mir bieten kann. Dies war der Anfang meiner Reise auf dem Weg zu einem gesünderen und glücklicheren Ich. Und mein Start unter anderem als Körperpsychotherapeutin. An dieser Stelle geht mein tiefster Dank an meine Ausbilder und Mentoren Sansara Wilberg & Sadhu Eden aus dem Institut für Beziehungsdynamik in Berlin, dass sie mir diese wundervollen Dimensionen der Körperpsychotherapie eröffnet haben.

Vielleicht hast du das Gefühl, dass alle anderen bereits wissen, wie sie sich selbst guttun können und wo sie hinwollen. Lass dich nicht beirren, auch die Rückeroberung der Körperwahrnehmung ist ein Prozess. Nur weil andere in einer Scheinwelt vorgeben, dass sie sich extrem wohlfühlen, muss dies nicht wahr sein. Von außen sieht man oft nicht, mit welchen Sorgen und Sehnsüchten oder Ängsten jemand lebt. Du hast keine Ahnung, wie deren Körper wiederum zu ihnen spricht und ob sie ihm zuhören. Im Grunde spielt das auch keine Rolle, denn wir richten den Blick nach innen. Immer häufiger schwirrt auch der Begriff der Körpersprache umher. Ich mag diesen Begriff, denn er ist so herrlich vielfältig. Zum einen beschreibt die Sprache unseres Körpers unser Auftreten in Mimik, Wirkung, Kleidung, Körperhaltung, Körperausdruck und -spannung. Alles, was man uns ansieht und was wir verkörpern.

Tief innen in uns aber liegt etwas scheinbar Mysteriöses. Eine ganz eigene Sprache, die niemand außer uns selbst versteht: Die Sprache, mit der unser eigener Körper zu uns spricht. Dieser Dialog, verkörpert durch die Signale des Befindens. Unser ganz persönliches Sprachsystem. Diese überaus feinen Antennen für das, was mein Körper da aus mir heraus auf mich einzureden begann, habe ich lange Zeit nicht wahrgenommen. Um mich herum schien damals jeder zu wissen, was er will. Alle verfolgten ihre Ziele und schienen das Beste auf dem für sich gewählten Weg zu geben. Das hat mich etwas irritiert – waren die denn auch alle glücklich damit? Nur weil sie es vorgaben zu sein, musste dies ja nicht der Realität entsprechen. So begann ich plötzlich, statt zu grübeln, zu lernen, wie man den Körper wahrnimmt und auf ihn reagiert. Ich erfuhr, dass alles auch auf der sensorischen Ebene, der tieferen Körperebene und der emotionalen Ebene wahrgenommen werden muss. Wie wichtig es doch ist, die Signale des Körpers zu beobachten und zu verstehen, um seine Bedürfnisse und Grenzen besser einschätzen zu können – heute ist alles andere unvorstellbar. Den optimalen Körperkontakt zu haben und mich selbst mit liebevoller Achtsamkeit zu behandeln, ist das schönste Geschenk.

Spannend wie ein Abenteuerroman war es dann, als ich begann, mich mit den verschiedenen Strategien der Selbstregulation zu beschäftigen, wie zum Beispiel Atemtechniken, Stimmausdruck, Muskelentspannung, stille und dynamische Meditationen, Visualisierung und Körperarbeit sowie Tanzen und Sport. Mit diesen Techniken konnte ich lernen, meinen Körper zu beruhigen, mein Wohlbefinden zu steigern und meinen Körper zu regulieren. Ich erkannte auch, dass es wichtig ist, das Gefühl von Körperliebe und Körperakzeptanz zu entwickeln und zu erhalten. Durch diese Entdeckungsreise konnte ich meinen Körper besser begreifen, mit ihm und in ihm lebendiger werden und schrittweise eine gesündere und lebendigere Beziehung zu mir selbst und zu anderen aufbauen. Plötzlich war da diese Akzeptanz für mich selbst. Dieses Ehrgefühl, Dankbarkeit dafür, was mein Körper täglich leistet. Ich lernte auch, mich mehr zu ehren, so wie ich bin, so dass ich diese elementaren Erfahrungen heute aktiv teilen darf. Welch ein segensreiches Geschenk!

» **Kümmere dich um deinen Körper, er ist der einzige Ort, den du zum Leben hast** «

Jim Rohn

In den vergangenen Jahren bin ich in meinem Bewusstsein für meinen Körper und meine Fähigkeit, mich zu regulieren, stetig gewachsen. Meine Beziehung zu mir selbst hat eine substanzielle Verbesserung erfahren, denn der Prozess hört niemals auf. In tiefer Dankbarkeit blicke ich auf meinen Körper und bin mir bewusst, dass es ein fortwährender Ablauf ist, Körperliebe und Körperbewusstsein zu fördern und zu verankern. Deswegen empfehle ich jeder Frau, sich damit auseinanderzusetzen und zu erlernen, wie man Wahrnehmung, Selbstregulation und Körperliebe verstehen und leben kann. Es ist so wesentlich, sich selbst zu lieben und zu heilen, wenn man gesund und glücklich sein möchte.

Die vielen Formen des Blicks auf sich selbst

In einer Studie wurden zwei Gruppen von Frauen nach ihrer Wahrnehmung von Körper und Gesicht gefragt. Die erste Gruppe sollte sich selbst bewerten, die zweite Gruppe sollte eine andere Person bewerten. Die Frauen der ersten Gruppe sahen sich selbst deutlich kritischer und schätzten sich insgesamt weniger attraktiv ein. Außerdem fühlten sie sich häufiger unwohl in ihrem Körper und hatten ein geringeres Selbstvertrauen. Die zweite Gruppe dagegen, die eine andere Person bewertete, hatte keines dieser Probleme.

Ein schöner Spiegel, was der bewusste Umgang mit dem Körperbewusstsein so alles ausrichtet. Ein gesundes Körperbewusstsein ist wichtig für unsere Gesundheit, unser Wohlbefinden und unseren Erfolg im Leben. Wer seinen Körper liebt und respektiert, fühlt sich auch in seiner Haut wohl und hat mehr Selbstvertrauen. Und was ist einer der wesentlichen Faktoren, sich und seinem Körper liebevolle Aufmerksamkeit zu schenken? Die Selbstregulation!

Selbstregulation ist mehr als nur eine Weise, Emotionen zu kontrollieren: Es ist ein Prozess, der uns dabei unterstützt, ein bewusstes und selbstbestimmtes Leben zu führen. Dabei kann man sich nicht nur selbst besser verstehen, die Reflexion der Verhaltensweisen und der Gefühle werden konstruktiv kanalisieren – ein komplett neues Universum tut sich in uns auf! Wenn es um das seelische Wachstum geht, ist die gesunde Selbstregulierung dienlich, sich selbst besser zu verstehen und den eigenen Weg zu finden. Der Schlüssel zur Selbstregulation besteht darin, sich bewusst zu machen, was in dir vorgeht und wie du darauf reagierst. Dazu gehört auch, die Verbindung zu den Gefühlen in dir zu verstehen und zu erkennen, was dich zu bestimmten Verhaltensweisen veranlasst. Beobachte doch einfach mal, wie sich deine Handlungen in diesem Prozess immer bewusster gestalten.

Dies bedeutet, dass du unter anderem lernst, den emotionalen Zustand zu erkennen, zu akzeptieren und wenn nötig, ihn auch zu ändern. Wäre es nicht kraftvoll, wenn du ab jetzt bewusst wahrnehmen könntest, welche Gefühle du in bestimmten Situationen hast, und dann zu überlegen, wie du diese Gefühle am besten regulieren könntest? Zu erlernen, wie man auf sich selbst reagiert, ist die Verkörperung der Achtsamkeit sich selbst gegenüber schlechthin. Dies kann dazu beitragen, den Umgang mit anderen wiederum zu verbessern, und du kannst deine Bedürfnisse und Gefühle besser wahrnehmen und zum Ausdruck bringen. Dadurch bist du in der Lage, bessere Entscheidungen zu treffen, schwierige Situationen souveräner zu meistern und selbstbewusster und selbstbestimmter zu leben. Selbstregulation ist eine leistungsstarke Fähigkeit, die uns hilft, unseren Körper und Geist wahrzunehmen und zu verstehen und in einem gesunden Gleichgewicht zu halten. Indem wir uns darauf konzentrieren, können wir unsere psychische Gesundheit stärken, unser seelisches Wachstum fördern und ein besseres Verständnis für uns selbst und unsere Mitmenschen entwickeln. Und was beinhaltet der Prozess des Embodyments noch? Primär alles, was dir guttut!

» **Es kommt darauf an, den Körper mit der Seele und die Seele durch den Körper zu heilen.** «

hat Oscar Wilde ziemlich treffend beschrieben. Körperwahrnehmung und Körperliebe zum Beispiel sind eng miteinander verbunden. Körperwahrnehmung bezieht sich auf die Art und Weise, wie wir unseren Körper wahrnehmen und interpretieren, während Körperliebe sich auf die positive Einstellung und das Wohlwollen bezieht, das wir unserem Körper gegenüber empfinden. Hier geht es keinesfalls um die fast toxische Body-Positivity-Welle, die durch die sozialen Medien rollt. Eine positive Körperwahrnehmung kann dazu beitragen, dass wir uns in unserem Körper wohlfühlen und die Pflege und das Versorgen unseres Selbst als notwendig und angenehm empfinden. Es

kann auch dazu beitragen, dass wir uns selbstbewusster und zufriedener fühlen, was wiederum zu einem positiven Selbstbild beiträgt. Und ein positives Selbstbild wirkt unendlich attraktiv auf unsere Mitmenschen.

Körperliebe ist auch ein wichtiger Aspekt der Gesundheit und des Wohlbefindens. Wenn wir uns selbst lieben und respektieren, sind wir eher bereit, uns um unseren Körper zu kümmern und ihn mit gesunden Nahrungsmitteln, Bewegung und Ruhe zu versorgen. Apropos Bewegung ...

Jetzt, da du so viel über die innere Bewegung erfahren hast, begleite ich dich gerne auch zur aktiven draußen – und wie gehabt natürlich alles in deinem Tempo. Es kann viele Gründe geben, seinem zukünftigen Ich liebevolle Aufmerksamkeit zu schenken. Schaue doch mal, welche Themen rund um Spannung und Entspannung, Schlaf und Ernährung oder auch Sport und Bewegung dir Freude machen können, denn der Prozess der Aufarbeitung beinhaltet vor allem die Macht der destruktiven Gewohnheiten, denen wir gemeinsam sukzessive an den Kragen gehen. Hättest du gedacht, dass sich das alles hinter der Bezeichnung Embodyment verbirgt?

Empowerment

» **Ich bin meine eigene Muse, ich bin das Thema, das ich am besten kenne.** «

Frida Kahlo

Wachstum findet genau dort statt, wo wir uns nicht bequem eingerichtet haben? Erwischt … Genau das ging vermutlich gerade durch deinen Kopf. Ich kann dich beruhigen und klopfe dir gerade bewundernd auf die Schulter, denn du hast vermutlich noch keine Ahnung, wie weit du bereits im Prozess deiner persönlichen Veränderung bist! Auf nun ganz schön vielen Seiten hast du erfahren, wie du dich (mit etwas liebevoller Hilfe) selbst stärken und befreien kannst. Wie fühlt es sich an, die Kontrolle über dein Leben in deine eigenen Hände zu nehmen? Empowerment ist das Zauberwort! Ein lebenslanger Prozess, in dem du bewusst deine Kraftquellen und Fähigkeiten erkennst, deine Ziele erreichst, Verantwortung für dein Leben übernimmst, deine Grenzen setzt und dich selbst liebst. Hast du den Mut, dich auf diesen lebensverändernden Weg zu begeben und wieder die Kontrolle über dein Leben zu erlangen?

Das ist ein Meilenstein in deinem Leben, denn es ist ein Symbol der Kraft, die uns ermöglicht, unseren Selbstwert zu entdecken und zu leben. Ich lade dich ein, dich selbst als Komposition zu betrachten. Ob du dich als Gemälde siehst, als Musikstück oder Charakter in einem Theaterstück, liegt dir frei. Alles ist erlaubt. Stelle dir vor, du würdest dich als Kunstwerk auf einer Bühne oder im Museum selbst bestaunen. Als Erstes schaust du vielleicht auf die bunten Kleider oder die strahlenden Farben. Das sind jene Bereiche deines Selbst, die du als strahlend und beeindruckend empfindest. Sie symbolisieren Hilfsbereitschaft, Stärke, Herzlichkeit – alles, was du an dir magst. Wenn du dich sattgesehen hast, kannst du den Blick auf die anderen Dinge richten, die dir sonst nicht direkt ins Auge springen. Es sind die gewohnten Anteile, die du aufgrund der Routine beinahe übersiehst. Das können jene Anteile sein, die als Farbe zum Beispiel zwischen bunt und schwarz angesiedelt sind. Vielleicht wecken sie dennoch oder gerade deshalb dein Interesse.

Auch wenn dir diese Anteile deiner Persönlichkeit eher neutral erscheinen, schenken wir ihnen im Mentoring Aufmerksamkeit. Ein gesunder Prozess des Empowerments umfasst alles, was dich ausmacht – die gewohnten Bereiche und das Potential zu Neuem. Wir nutzen Gewohnheiten, um Schönes zu kreieren. Lasse dir niemals einreden, dass alles Alte vollständig gelöscht werden muss. Nicht alles, was deine Gewohnheiten ausmacht, ist kontraproduktiv für dich und deine Entwicklung. Natürlich kann uns der Bereich des Gewohnten auch bremsen, aber daran arbeiten wir ja gemeinsam.

Die „Komfortzone" geistert seit einer Weile in allen möglichen Gesprächen und Artikeln umher, aber was ist sie eigentlich genau? Sie beschreibt den Bereich, in dem eine Person sich wohl und sicher fühlt und in dem sie sich mit ihren Fähigkeiten und Erfahrungen vertraut fühlt. Es ist ein Ort, an dem die Herausforderungen begrenzt sind und das Risiko von Misserfolgen oder Fehlern gering zu sein scheint. Ausgerechnet außerhalb der Komfortzone jedoch liegen oft Gelegenheiten für Wachstum, Fortschritt und Entwicklung und damit für das Lebens-

„Das Leben beginnt am Ende deiner Komfortzone."
Neale Donald Walsch

und Liebesglück. Alles Unbekannte, das wir oft mit aller Kraft vermeiden wollen, tangiert das vertraute Wohlergehen und rüttelt am Gerüst, das wir emotional um uns errichtet haben. Die Komfortzone ist ein Zustand, in dem wir uns sicher und geborgen fühlen, jedoch ist es auch ein Bereich, in dem wir uns selbst einschränken und daran hindern, uns zu zeigen und zu wachsen. Und in genau diese Sicherheitszone platzt nun das Empowerment, das die gewohnte Ordnung gewaltig durchschüttelt und die geliebten Gewohnheiten und Glaubenshaltungen auf links dreht.

Gerne kannst du an dieser Stelle seufzen und die Augen rollen. Wir müssen uns befreien und Veränderungen zulassen, um in eine neue Phase voller Wachstum zu gelangen. Diese Veränderungen sind ein Prozess des Ankommens in der neuen Lebensphase. Es ist nicht so, dass über Nacht kein Stein mehr auf dem anderen steht. Heute ist mir bewusst, dass wir zumindest versuchen sollten, uns auf die neue Situation einzulassen und den Prozess zu akzeptieren, denn nur auf diese Weise können wir uns befreien und den nächsten Schritt machen. Genau dann, wenn wir uns der Komfortzone entziehen, werden wir in der Lage sein, uns zu verändern und uns weiterzuentwickeln.

Nichts zu tun, bedeutet nicht, dass nichts geschieht. Diese Erkenntnis bedient zumindest den Teil in uns, der sich nach Bequemlichkeit sehnt. Wenn du deine Stimme nicht erhebst und deinem eigenen Leben gegenüber stumm bleibst, sendest du dennoch eine Energie: die des Stillstands. Begleitet wird sie in den meisten Fällen von Unzufriedenheit, denn ein Teil in uns will alles beim Alten belassen, während der andere dann doch langsam in Aufbruchstimmung kommt. Gibst du dem

Gefühl des Gewohnten nach, nutzt du Signale nicht bewusst und verschenkst Potential. Du manifestierst also im Blindflug weiterhin das, was du eigentlich nicht mehr möchtest. Gleichzeitig sendest du ein Signal sozusagen in die Welt, dass du zum Spielball anderer wirst, ein „Opfer der Umstände" also. Die nicht getroffene Entscheidung ist in Wahrheit die größte Zwangslage, denn wenn du nicht entscheidest, wird für dich entschieden. Selbstverantwortung gibst du ab und damit alle Freiheit, agieren und dich entfalten zu können.

Den Prozess des Empowerments begleiten viele Irrtümer und meinem Empfinden nach viele falsche Ansätze, die so viele zauberhafte Frauen desillusioniert und für die angestrebte Veränderung regelrecht verdirbt. Wenn eine Veränderung im Leben nötig ist, bedeutet es nicht, dass alles an dir falsch ist. Ganz im Gegenteil! Empowerment ist ein Mittel, das uns ermutigt, uns unserer inneren Kraft bewusst zu werden und sie zu nutzen, um unsere Ziele zu erreichen. Es ist eine tiefe Befreiung, die durch ein stärkeres Gefühl des Selbstwertes erreicht wird. Es ist mehr als nur ein Wort: Es ist eine Bewegung, die sich auf die spirituelle, emotionale, psychische und körperliche Stärkung der Menschen konzentriert.

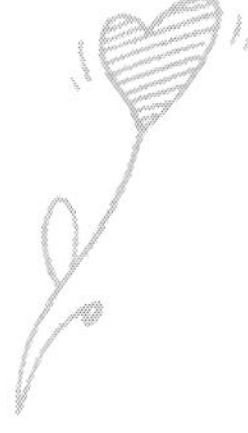

Dieser Prozess ermöglicht es, Vertrauen und innere Stärke aufzubauen und sich der Tatsache bewusst zu werden, dass wir das Recht haben, unser Leben nach unseren Wünschen und Vorstellungen zu leben und unsere Herzensziele zu erreichen. Empowerment ist ein Zustand von Freiheit und Selbstbestimmung. Es gibt dir die Kraft, dir deiner Stärken bewusst zu werden und sie zu nutzen, um alles zu erreichen, was du willst. Gleichzeitig lernst du, wie du auch geglaubte Schwachstellen lieben kannst, denn auch diese machen uns als Ganzes aus. Also spring raus aus deiner Komfortzone und nimm das Ruder in die Hand! An dieser Stelle meines Buches angekommen, ist die langersehnte Veränderung greifbar nah. Dies ist der Punkt, an dem du den Schritt aus dem „Schneckenhaus" wagst. Selbst wenn noch etwas Scheu mitschwingt, wird deine Neugierde wahrscheinlich überragen. Die bisherigen Kapitel waren wie ein Anlauf, die Grundlage, um in Bewegung zu kommen – geistig, emotional und körperlich, in denen du auch einige Grundlagen auf dem Weg kennengelernt hast.

Und hier ein sehr schönes Beispiel aus meiner Praxis:

Anna* war eine erfolgreiche Managerin, ihr Leben aber fühlte sich leer an. Ihre Leidenschaft und Begeisterung schienen verschwunden zu sein und sie konnte nicht mehr vorwärts kommen. Tief innen wusste sie, dass sie nach mehr strebte als dem Job, aber sie wusste nicht, wie sie es erreichen sollte. Dann hatte sie eines Tages eine emotionale Erfahrung und begann, die innere Welt zu erforschen. Anna brach auf, um mehr über persönliches Wachstum und Spiritualität zu erfahren. Besuchte Seminare und Workshops und bekam viele Ratschläge auf dem Weg. Im Laufe der Zeit lernte sie, ihre Ressourcen besser zu nutzen, ihre Bedürfnisse zu erkennen und vor allem neue Grenzen zu setzen.

Sie lernte auch, wie man Wohlbefinden, Frieden und Liebe für sich und andere auf natürliche Weise kultiviert. Als wäre es eine neue Zeitrechnung, begann Anna, eine innere Freiheit durch das inspirierende Mentoring und spirituelle Wachstum zu finden. Sie lernte, sich auf ihr höheres Selbst zu konzentrieren, anstatt sich nur mit der materiellen Welt zu identifizieren. Sie entdeckte auch, dass ihre Motivation und Kreativität durch die Selbstliebe und den Fokus auf ihr inneres Wesen neu belebt wurden. Heute ist Anna in der Lage, ihr Leben voll auszukosten, weil sie den Wert der Empowerments Praxis verstanden und in ihren Alltag integriert hat.

Was wie ein Roman klingt, ist das Leben einer Klientin, das mustergültig für den Prozess innerer Befreiung steht – Anna ist sich heute dessen bewusst, dass die eigene Entwicklung an erster Stelle stehen muss, damit sie sich wohl und erfüllt fühlt. Sie hat ihre Stärken nach dem Mentoring mit mir im Fokus – ebenso wie ihre Werte, derer sie sich zum ersten Mal wirklich bewusst ist. „Aber sind denn überhaupt genug Ressourcen in mir angelegt?" Eine häufige Frage, die einen gewissen Respekt vor Überforderung ausdrückt.

Das Leben ist wie ein Weg. An manchen Tagen fühlt es sich an, als wäre man vorangekommen und man könnte den Horizont bereits sehen. Doch an anderen Tagen kommt es einem vor, als stecke man in einem Sumpf fest und könne sich nicht bewegen. Wichtig ist, dass du dich nicht von den schwierigen Zeiten unterkriegen lässt und weiterhin an dich glaubst. Denn nur so wirst du am Ende des Weges ankommen. Schau dir immer genau an, was du hast und was du erreicht hast – auch die kleinsten Erfolge zählen! Sei dankbar für deine Ressourcen und Experten, die dir helfen können, deinen Weg zu gehen. Achte auf deine Bedürfnisse und Grenzen und setze sie bewusst. So wirst du mit Sicherheit ans Ziel gelangen!

Gelungenes Empowerment ist ein Prozess, der uns dazu ermutigt, unsere Stärken und Fähigkeiten zuzugeben und auf die Probe zu stellen. Wir sollten bereit sein, Verantwortung für unser Leben zu übernehmen, damit wir es in Zukunft beherrschen können! Spürst du es noch nicht? Dieses Gefühl des inneren Friedens, welches sich durch eine pulsierende Kraft und ein absolutes Selbstvertrauen ergänzt? Kannst du schon erkennen, wie es dir ermöglicht, dein volles Potential zu erreichen? Immer geht es darum, die eigenen Bedürfnisse zu respektieren, zu achten und wertzuschätzen! Zu lange sind wir alle schon über das, was unseren Bedürfnissen entspricht, hinweggegangen. Erfahre die Power, die dich ermächtigt, ein Gefühl von Inspiration und Befreiung zu erleben, und dir die Kraft gibt, deine Ziele zu erreichen. Wirst du es wagen? Es ist ein Gefühl des inneren Friedens und der Zufriedenheit, das uns die Kraft gibt, unsere Ziele zu erreichen.

Empowerment ist eine Kraft, die uns dazu befähigt, unsere wahre Größe zu erreichen, indem sie uns neue/alte Energien schenkt. Es ist eine häufig verwendete Terminologie in unserer heutigen Gesellschaft, die sich auf die Befreiung des Selbstwerts bezieht. Es ist nicht nur ein Wort, sondern eine Bewegung, die sich auf die Verstärkung der spirituellen, emotionalen, psychischen und körperlichen Stärken der Menschen konzentriert.

„Ich denke, dass der Sinn des Lebens darin besteht, glücklich zu sein."
Dalai Lama

Dieser Prozess fördert das Selbstvertrauen und die innere Stärke. Menschen, die dieses Gefühl des Empowerment erleben, können ein Bewusstsein für eine neue Kraft und Zuversicht entwickeln. Sie nehmen an, dass sie das Recht haben, ihr Leben nach ihren Wünschen und Vorstellungen zu leben, und

dass sie in der Lage sind, ihre Ziele zu erreichen. Empowerment ist genau der Prozess, der die Menschen dazu ermutigt, sich ihrer eigenen Stärken und Fähigkeiten bewusst zu werden und sie zu nutzen, um ihre Ziele zu erreichen. Wie jetzt, alte und neue Energien? Wir arbeiten an einem für dich neuen Leben mit neuen Impulsen und nutzen dabei „alte“ Kräfte und Kompetenzen, die bereits in dir angelegt sind. Während wir alte Dinge, die dich hindern, überschreiben, bedienen wir uns nützlicher Anteile zur Kreation.

Empowerment umfasst, sich aus der Komfortzone zu befreien, indem wir Veränderungen zulassen, die uns helfen, neue Dinge zu lernen und uns an neue Umgebungen und Situationen anzupassen. Auf diese Weise können wir uns lebendiger und liebenswerter fühlen. Wenn wir uns auf den Prozess des Ankommens einlassen und Veränderungen zulassen, können wir uns von unserer Komfortzone befreien, neue Dinge lernen und uns an neue Situationen anpassen.

Auf diese Weise können wir uns befreien und uns eine bessere Zukunft erschaffen. Schluss also mit der Begrenzung, der wir uns unterwerfen, wenn wir uns nur in unserer Komfortzone bewegen. „Alexandra, wie kann ich denn ganz schnell in Bewegung kommen?“ Immer wieder bemerke ich mit Erstaunen, wie sehr sich der Wunsch nach Gewohnheit und dann plötzliche Eile gegenüberstehen. Wo vorher Stillstand auf der Tagesordnung stand, soll auf einmal alles ganz schnell anders werden. Allerdings sollten wir uns immer bewusst sein, dass Veränderungen Prozesse sind, die Zeit brauchen. Wir sollten uns daher nicht unter Druck setzen und versuchen, alles auf einmal zu ändern. Stattdessen sollten wir uns auf einen Schritt nach dem anderen konzentrieren und uns immer wieder bewusst machen, dass wir auf dem richtigen Weg sind. Nur so können wir uns wirklich befreien und unsere Ziele erreichen.

Ein Aspekt, der mich immer wieder fasziniert, ist die Wirkungsweise des Wortes Empowerment auf unser Gemüt. Im Englischen klingt es kraftvoll und ermutigend. Im Deutschen steht es für „Selbstwirksamkeit, „Ermächtigung“, „Selbstbefähigung“ oder „Stärkung im Sinne von Eigenmacht und Autonomie“. Das kann schon mal einschüchternd wirken, wenn man sein Leben bisher fernab der Gefühle und des wahren Potentials gelebt hat. Sinn und Zweck in diesem Schritt des Mentorings ist es, Menschen zu mehr Autonomie und Handlungsspielraum in ihrem Leben zu führen. Sie sollen ihre Interessen eigenmächtig und selbstbestimmt vertreten und ihr Leben selbstständig gestalten können.

Wusstest du, dass Empowerment als Ansatz für mehr Autonomie ursprünglich aus dem Bereich der Bürgerrechtsbewegung stammt? In der psychosozialen Praxis für Arbeit diente Empowerment dazu, Menschen ihre Stärken aufzuzeigen und sie dazu zu ermutigen, über sich hinauszuwachsen und selbstbestimmt zu leben. Anstelle eines Blickwinkels auf die Defizite einer Person, wird der Fokus auf die Stärken gelegt. Mittlerweile findet der Ansatz selbst im unternehmerischen Kontext große Anwendung. Empowerment bezeichnet hier eine Art des Leaderships, bei dem die Autonomie der Mitarbeitenden gestärkt wird. Verantwortungen und Entscheidungsbefugnisse werden an die Belegschaft übertragen, wobei die Angestellten ihre Arbeitsabläufe weitgehend selbst gestalten und stets im Austausch mit der Führungsebene stehen. Und hier kommen wir zu einem wesentlichen Punkt. Hast du dich schon einmal als Projektmanager oder Geschäftsführer deines eigenen Lebens betrachtet? Dein Leben ist ein Unternehmen, dein Unternehmen ICH! Viele Geschäftsführer beklagen einen mangelnden Innovationsgeist ihrer Führungskräfte und Mitarbeitenden. Und genau das ist mein Ansatz – zunehmend wird der unübersichtlichere Wettbewerb, in dem wir uns in uns selbst bewegen, zu gewaltig.

Nötig wird eine Abkehr von gewohnten Strukturen. Im unternehmerischen Kontext wird es durch aktives Empowerment Mitarbeitern und Teams ermöglicht, ihre Innovationspotentiale innerhalb einer Organisation besser zu nutzen. Hierbei werden autonomes und agiles Handeln unterstützt, was zu einer höheren Produktivität und Motivation führt. Das Team arbeitet eigenständiger und ist aufmerksamer, was dazu beiträgt, dass das Team seine Umgebung besser wahrnehmen und reflektieren kann.

In der Rolle des Mitarbeiters erscheinen uns diese Punkte logisch. Wie wäre es, wenn du alle diese Impulse auf dein Leben überträgst? Eine wirklich positive Persönlichkeitsentwicklung zeigt sich durch Achtsamkeit dir selbst gegenüber, durch Verantwortungsübernahme und effektive Ressourcennutzung. Empowerment kann für dich bedeuten, passive Strukturen aufzulösen, Aufgabenverteilung und -erfüllung zu hinterfragen, dich zur Hauptakteurin deines Lebens zu machen, Orientierung an deinen eigenen Stärken zu finden, Selbstevaluation zu praktizieren und den Fokus aktiv auf deine Kompetenzen zu richten.

Was kann dein Empowerment-Ansatz sein?

- Veränderungen gelten als Voraussetzung für dein neues Leben
- Empowerment verstärkt deine Innovationskraft
- Die Innovationspotentiale in dir gehören als geliebter Anteil zu dir
- Du entwickelst aktiv deine Selbstwahrnehmung und die Beziehung zu dir selbst und somit auch deine Beziehungsfähigkeit
- Du lässt dich auf einen vorübergehenden Kontrollverlust ein (obwohl der Prozess behutsam ist und du zu jeder Zeit das Tempo selbst regulierst. Der Verlust ist ein Gewinn – loslassen!)

- Das Empowerment-Konzept verlangt ein neues Verständnis von Führung deiner selbst

- Du wirst zu deiner Förderin und Entwicklerin

- Du gestaltest deinen eigenen Kulturwandel

- Du gewinnst in einem New-Work-Prozess mehr an Flexibilität

- Starre Strukturen und mangelnder Handlungsspielraum in dir wandeln sich zu unendlichen Weiten!

- Deine Transformation startet an dem Punkt, an dem du jetzt bist

Die 7 Säulen der Selbstliebe

» **Sich selbst zu lieben ist der Beginn einer lebenslangen Romanze.** «

Oscar Wilde

Weißt du noch, wer du wirklich bist und was dich ausmacht? In diesem Modul des Mentorings geht es um den tiefen Bezug zu uns selbst, der alles für uns bedeutet, wenn wir es verstehen. Wir alle dürfen auf dem Weg durch unser Leben täglich zu unserem wahren Ich wachsen und heilen. Dabei ist das Leben ein Wechselspiel aus Autonomie und der Verbindung zu anderen Menschen, die uns auf unserem Weg begleiten.

Warum ist das an dieser Stelle so wesentlich? Die sieben Säulen der Selbstliebe sind der ultimative Ausdruck persönlicher Unabhängigkeit. Mündigsein bedeutet, dass man die innere Freiheit besitzt, sich auch im Außen zu entfalten. Die sieben Säulen der Selbstliebe symbolisieren wie kaum sonst etwas den persönlichen Aufstieg, der uns dann aus der Tiefe heraus erst zur Verbindung mit anderen befähigt. Im Kapitel zu den hermetischen Gesetzen hast du erfahren, dass alles im Leben von einer Polarität gezeichnet ist. An dieser Stelle sind die Freiheit und die Verbindung eine perfekte Verkörperung dessen. Bei der wundervollen Selbstliebe-Mentorin & Ausbilderin Melanie Pignitter von Honigperlen konnte ich selbst lernen und Themen kennenlernen, die mich und meine Arbeit prägen. Melanie hat mir vor langer Zeit eine Frage gestellt, die mich sehr bewegt hat und noch heute in mir nachhallt.

Diese Frage stelle ich dir hier heute:

„Flüstert dir deine innere Stimme auch manchmal den einen oder anderen der folgenden Sätze zu?“

- Ich muss angepasst und lieb sein, um gut zu sein und geliebt zu werden.
- Bevor ich negativ auffalle und/oder Fehler mache, bin ich lieber ganz still.
- Ich soll angemessen sein und/oder erscheinen, andere sollen nicht schlecht über mich denken oder sprechen.
- Ich muss unkompliziert sein, damit ich für andere angenehm bin.
- Ich darf mich nicht wehren, damit ich nicht widerborstig erscheine.
- Ich muss bescheiden sein, denn „Bescheidenheit ist eine Tugend“ und „Eigenlob stinkt“.
- Ich muss mich besonders anstrengen, um Liebe zu erhalten.

Wenn ja, ist das ein Zeichen dafür, dass du wahrscheinlich sehr früh im Leben Überlebensstrategien entwickelt hast, die man als Überanpassung bezeichnet. Eine oder mehrere dieser Verhaltensweisen führen langfristig dazu, dass du dein wahres Selbst hinter Anpassung und Regeln versteckst – der absolute Ausdruck der Selbstsabotage.

Früher waren die oben aufgeführten Sätze innere Strategien, im familiären und sozialen Umfeld zu überleben und Ablehnung sowie Ausschluss vorzubeugen und auszuschließen. Als Kind warst du darauf angewiesen. Du hattest wirklich keine andere Wahl. Aus diesen Überlebensstrategien entstehen Glaubenssätze und Glaubenshaltungen. Heute bist du erwachsen und hast definitiv eine andere Wahl. Denn diese Überlebensstrategien (Coping-Mechanismen) sind dir nicht mehr dienlich und stehen im absoluten Kontrast dazu, von welcher Beschaffenheit und Vollkommenheit du wirklich bist.

An dieser Stelle – passend zu Glaubenssätzen, Glaubenshaltungen und Selbstwirksamkeit – gehen mein tiefster Dank und meine Anerkennung auch an meine Ausbilder und Mentoren Sansara Wilberg & Sadhu Eden vom Institut für Beziehungsdynamik in Berlin für das unendliche Wissen und die Erfahrung aus dem Bereich der Körperpsychotherapie.

Meiner tiefen Überzeugung nach ist der Tempel der Göttin, die du heute wieder in dir entdeckst, auf Säulen aufgebaut. Und zwar auf sieben Säulen: auf den sieben Säulen der Selbstliebe, die das direkte Gegenteil des alten Sabotageakts an dir selbst verkörpern! Dieses Konzept ist in vielen Praxis- und Selbsterfahrungsjahren gewachsen und ist ebenfalls von Melanie und

Sansara & Sadhu inspiriert. Auch dies ist übrigens ein Zeichen meiner eigenen Selbstliebe. Ich kann meinen Mentoren dankbar für die vielen tollen Impulse sein und mich dabei großartig fühlen.

Und was sind diese sieben Säulen der Selbstliebe eigentlich?

- Selbstfürsorge
- Selbstwertgefühl
- Selbstbeachtung
- Selbstwirksamkeit
- Selbstmitgefühl
- Selbstbewusstsein
- Selbstvergebung

Muss die Selbstliebe nicht am Anfang des Weges auftauchen, wenn man im Leben etwas verändern will? Dieser Annahme bin ich auch lange nachgegangen und hatte immer das Gefühl, dass es doch irgendwie nicht ganz glatt läuft. Da ist dieses Bestreben, aber so wirklich will es mit den Glücksgefühlen nicht klappen. Kannst du dir vorstellen, warum das so ist? Als Schwimmer lernst du zuerst schwimmen, ehe du dich für die Ironman-WM der Frauen anmeldest. Warum bin ich also nicht mit den sieben Säulen in meinem Buch gestartet? Um dich mit dem absoluten Bezug zu dir selbst zu konfrontieren, braucht es Vorbereitung und Fingerspitzengefühl. Sich mit dem Selbstwertgefühl auseinanderzusetzen, bedeutet die eigenen Grenzen zu erkennen und ab jetzt zu wahren. Wenn dir also vorher niemand nahbringt, was dich dein Leben lang prägt und aus dem Unterbewusstsein – inklusive dazugehöriger Gesetzmäßigkeiten – lenkt, bringt die Lektüre nichts. Keiner von uns beiden hat etwas davon, wenn das Buch auf inneren Widerstand oder auf Ablehnung stößt, weil du innerlich noch nicht so weit bist. Sieh den gewählten Weg als sukzessive Vorbereitung an. Als schonende Methode, da die Inhalte ans Eingemachte gehen.

Auf dem Weg bis zu diesem Kapitel hast du so manches Thema kennengelernt, was dein Gemüt sicherlich bewegt. Von den ersten Gedanken an einen Traummann, den du dir für dein Leben wünschst und von dem du nun weißt, dass er nicht dein Mr. Right sein muss, bis zur Erkenntnis, dass alte Dinge in deinem Glaubenssystem stecken, war auf der Reise des Buches einiges dabei. Du hast erfahren, dass auch dein Leben den Gesetzmäßigkeiten der 7 kosmischen Gesetze nach funktioniert. Der Blick in den Rückspiegel hat dir nahegebracht, dass es Verletzungen unserer Ahnen sein können, die uns im Weg stehen, und dass das Leben ohne Zielbestimmung viel weniger im Fluss ist. Hätte ich dich vorher schon mit den sieben Säulen der Selbstliebe konfrontiert, hätte das für eine spannende Reaktion gesorgt, die du an dieser Stelle kaum erwartest: Wut! Während die sieben Säulen eher romantisch und nach innerem

Frieden klingen, denkt man zunächst nicht an so etwas wie Wut. Verständlich, und dennoch kann ich dir sagen, dass Wut ein allgemein wichtiges Thema für Frauen ist, da sie tabuisiert wird und uns stark beeinflusst. Unterschwellig brodelt sie und ist als gesunde Aggression ein elementarer Motor unserer Lebensenergie und der Antrieb für Veränderungen. Als „brave" Frauen leben wir fernab dessen, was die wahre Akzeptanz unseres Selbst ist. Selbstakzeptanz bedeutet, dass du dich selbst sehr gut kennst und dich liebevoll annimmst, wie du bist. Du weißt, wer du bist und was dir guttut und wohin du dich entwickeln möchtest. Die sieben Säulen sind genau jetzt dran, da du nun bereit bist, die Kraft der Emotionen auch zu fühlen.

Was geht in dir vor, wenn du folgende Sätze hörst?

„Ich bin die wichtigste Person in meinem Leben. Niemand ist so wichtig wie ich. Es ist meine Aufgabe, mich selbst zu lieben, zu pflegen und zu respektieren. Es ist meine Aufgabe, mich selbst glücklich zu machen. Niemand kann das besser als ich selbst. Ich bin die einzige Person, die weiß, was ich brauche. Niemand kennt mich so gut wie ich selbst. Ich bin die einzige Person, die mich wirklich verstehen kann. Also liebe ich mich selbst. Ich bin gut zu mir. Ich bin nett zu mir. Ich gebe mir Zeit und Raum, mich zu entwickeln und zu wachsen. Ich behandle mich mit Liebe und Respekt. Ich bin wertvoll und ich weiß es. Ich bin stark und ich weiß es. Ich bin kompetent und ich weiß es. Ich bin gut genug und ich weiß es."

Klingt das zu gut, um wahr zu sein? Wahrscheinlich hast du schon oft gehört, wie wichtig es ist, sich selbst zu lieben und gut zu sich zu sprechen. Ein liebevoller Umgang mit sich selbst ist die wohl größte Herausforderung, denn genau an diesem Punkt liegt ein erlerntes Muster. Wir sind im Laufe des Lebens zu jedem nett, nur zu uns selbst häufig nicht. Vielleicht kennst du sie auch, diese nervige Stimme in deinem Kopf, die dich selbst und deinen Wert ständig kritisiert. Dieser innere Saboteur, der Stärken und Leistungen in den Hintergrund drängt. Würdest du jemals mit einen anderen Menschen, den du aus tiefem Herzen magst, schlecht sprechen? Vermutlich nein. Wieso meinst du dann, es sei in Ordnung, dich selbst herabwürdigend zu behandeln? Die Antwort auf diese Frage bleibt offen. Du musst nichts dazu sagen oder an dieser Stelle etwas verschriftlichen. Gerne darfst du die Gedanken im Stillen mit dir ausmachen, denn sie sind ein sehr intimer Prozess.

Die oben genannten sieben Aspekte der Selbstliebe sind die wichtigsten Aspekte im gesunden Umgang mit sich selbst und dennoch muss nicht immer alles perfekt sein, damit wir ein müheloses Leben erfahren.

Hast du schon eine Vorstellung, wofür die einzelnen Säulen nüchtern betrachtet stehen?

1. Selbstfürsorge:

Selbstfürsorge ist die Praxis, sich selbst liebevoll zu behandeln und sich um das eigene Wohlbefinden zu kümmern. Es umfasst sowohl physische als auch emotionale Bedürfnisse.

Selbstfürsorge kann beispielsweise durch gesunde Ernährung, regelmäßige Bewegung, genügend Schlaf und Ruhepausen erreicht werden. Die Schönheitspflege und Rituale sowie Wellnessanwendungen gehören für uns Frauen definitiv auch dazu. Darüber hinaus können auch die gezielte Auseinandersetzung mit Emotionen und Bedürfnissen sowie die Pflege von zwischenmenschlichen Beziehungen zu einer verbesserten Selbstfürsorge beitragen.

2. Selbstwertgefühl:

Das Selbstwertgefühl beschreibt das eigene Vertrauen und die Wertschätzung der eigenen Person. Ein gesundes Selbstwertgefühl ist eine wichtige Basis für ein erfülltes Leben und kann durch Selbstakzeptanz, Selbstliebe und positive Selbstgespräche gefördert werden. Eine negative Einstellung zur eigenen Person kann zu psychischen Problemen und Unzufriedenheit führen.

3. Selbstbeachtung:

Selbstbeachtung bedeutet, achtsam und aufmerksam mit den eigenen Emotionen, Bedürfnissen und Grenzen umzugehen. Es geht darum, auf sich selbst zu hören und sich nicht zu überfordern oder zu vernachlässigen. Eine erhöhte Selbstbeachtung kann zu einem besseren Verständnis der eigenen Bedürfnisse und Stärken führen und somit auch zu einem gesteigerten Selbstwertgefühl und Wohlbefinden.

4. Selbstwirksamkeit:

Selbstwirksamkeit beschreibt das eigene Vertrauen in die Fähigkeit, eigene Ziele und Herausforderungen zu bewältigen und Entscheidungen zu treffen. Sie ist eng mit dem Selbstvertrauen verbunden und kann durch klare Zielsetzung und das Bewältigen von Herausforderungen gestärkt werden. Eine höhere Selbstwirksamkeit kann zu einem Gefühl der Selbstständigkeit, der Selbstkontrolle und des Selbstbewusstseins führen. Erinnerst du noch das Mittel des Empowerments? In kaum einem Aspekt wird die Selbstwirksamkeit so deutlich – diese tiefe Befreiung durch die Stärkung des Gefühls für den Selbstwert.

5. Selbstmitgefühl:

Selbstmitgefühl bedeutet, sich selbst mit Freundlichkeit und Verständnis zu behandeln. Es geht darum, negative Selbstgespräche und Selbstkritik durch positive Selbstgespräche und die Betrachtung der eigenen Person als wertvolles menschliches Wesen, zu ersetzen. Durch Selbstmitgefühl kann das eigene Wohlbefinden gestärkt werden und eine bessere Bewältigung von schwierigen Situationen und Emotionen erreicht werden.

6. Selbstbewusstsein:

Selbstbewusstsein beschreibt das eigene Vertrauen und die Sicherheit in den eigenen Fähigkeiten, Werten und Überzeugungen. Man ist sich seiner Selbst bewusst. Es ist eng mit dem Selbstwertgefühl und der Selbstwirksamkeit verbunden und kann durch das Erkennen und Nutzen von Stärken und Talenten sowie das Setzen und Erreichen von Zielen gestärkt werden. Ein höheres Selbstbewusstsein kann zu einer erhöhten Resilienz, einem stärkeren Selbstvertrauen und einer positiven Selbstwahrnehmung führen.

7. Selbstvergebung:

Selbstvergebung bedeutet, sich selbst für unangenehme Handlungen oder Entscheidungen zu vergeben und sich von Schuldgefühlen oder Scham zu befreien. Es geht darum, sich selbst zu akzeptieren und aus vergangenen Fehlern zu lernen, ohne sich selbst zu verurteilen oder sich von ihnen definieren zu lassen. Selbstvergebung kann zu einem besseren Verständnis der eigenen Motivationen und Entscheidungen führen und somit auch zu einem gesteigerten Selbstbewusstsein und Selbstwertgefühl beitragen. Im ersten Kapitel haben wir den Blick in den Rückspiegel als ersten Schritt zur Selbstvergebung gewagt. Denn wie schon Rumi sagte:

> » **Es ist dein Weg, manche können ihn mit dir gehen, aber niemand kann ihn für dich gehen.** «
>
> *Rumi*

Kleiner Exkurs – eine Reflexionsübung

An dieser Stelle lade ich dich ein, in dich hineinzufühlen, wo du mit Blick auf die sieben Säulen der Selbstliebe in dir auf einer Skala von 1–10 aktuell stehst. Gehe gerne alle sieben Säulen durch und sei ganz ehrlich zu dir. Du kannst diese Übung beliebig oft wiederholen und regelmäßig in den Alltag einbauen. Bleibt deine Aufmerksamkeit auf einer Säule hängen, schenke diesem Gefühl Aufmerksamkeit! Fühlst du dich vertraut mit der jeweiligen Säule? Löst sie ein schönes oder ein schlechtes Gefühl aus? Weckt sie vielleicht sogar Unbehagen? Zeigt sich etwas, was du verändern möchtest, dann ändere es. Immer wieder wird es je nach Lebensphase neue Empfindungen und Bewertungen geben. Unser Leben ist niemals linear.

Inspiration: fülle die Säulen mit mit einem Bleistift aus, so dass du diese Übung immer wieder machen kannst.

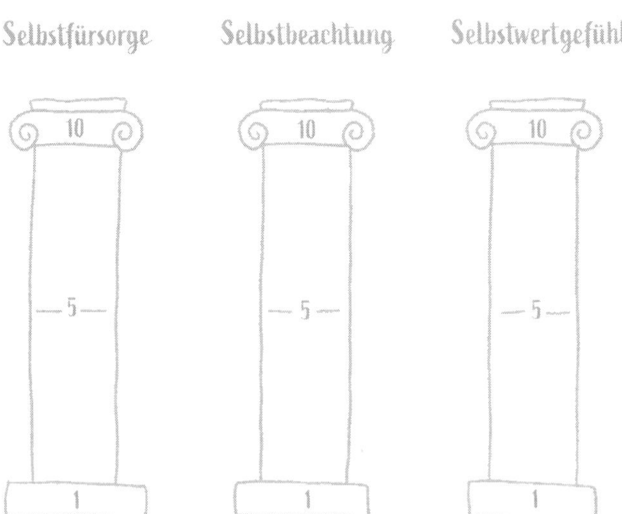

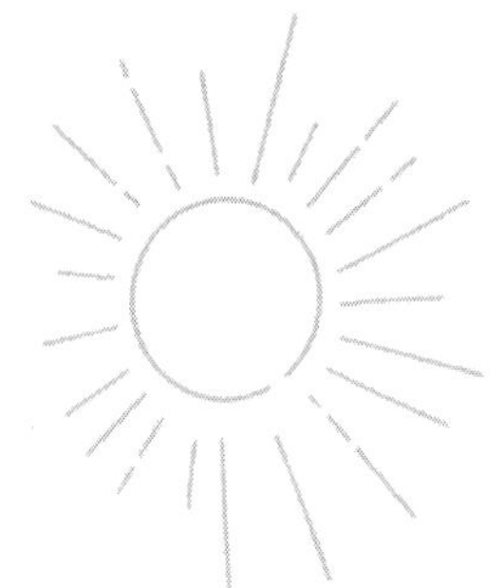

Alle diese Faktoren sind essentiell, um eine starke und gesunde Selbstliebe zu entwickeln, wichtig ist zunächst aber, dass du weißt, dass du gut bist – auch wenn einer der Punkte einmal weiter unten in der Punktezahl steht! Selbstliebe bedeutet, sich selbst zu lieben und zu akzeptieren, wer man ist, während Selbstfürsorge bedeutet, auf sich selbst zu achten und seine Bedürfnisse zu erfüllen. Selbstwertgefühl bedeutet, anzuerkennen, dass man wertvoll ist, und sich selbst zu schätzen.

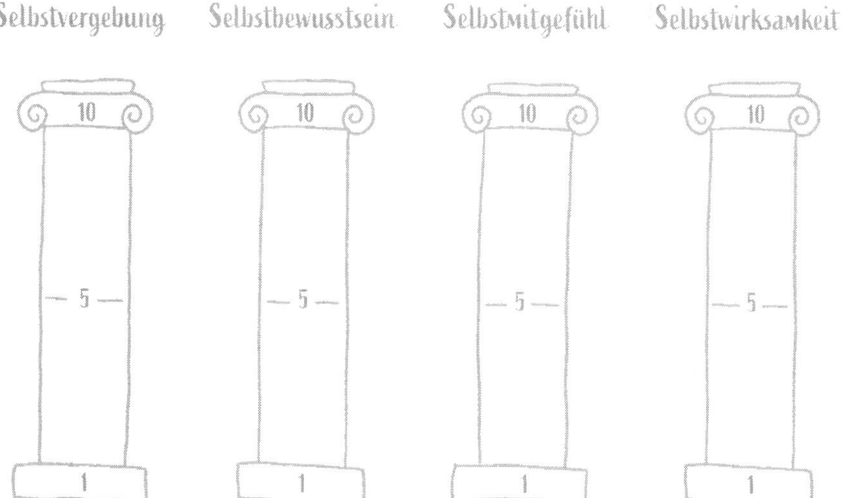

Selbstbeachtung bedeutet, sich selbst und seine Gefühle wahrzunehmen und sie anzuerkennen und sich anzuerkennen. Selbstwirksamkeit bedeutet, dass man das Gefühl hat, dass das, was man tut, eine Bedeutung und einen Wert hat. Und schließlich bedeutet Selbstbewusstsein, sich selbst mit Überzeugung zu vertreten und anzuerkennen, dass man auch in schwierigen Situationen handeln und Entscheidungen treffen kann. Diese Aspekte sind alle essentiell, um ein starkes und gesundes Selbstwertgefühl zu entwickeln. Wichtig ist, den Selbstwert als Teil der Selbstliebe zu verstehen und nicht umgekehrt.

Bildlich gesprochen erinnert mich jeder einzelne Punkt an ein Zimmer. Die Frage nach dem Zustand des Bewusstseins und des Befindens kann auch mit dem Aufenthalt in einem Raum verglichen werden.

Stellen wir uns an dieser Stelle vor, dass unser Tempel oder auch das Haus unseres Ichs nicht nur sieben Säulen, sondern auch sieben Räume hat. (Architektonisch gesehen ist ein Tempel aus einer zentralen Säulenhalle mit Nebenbereichen aus verschiedenen Materialien aufgebaut, ich nenne es zum Verständnis an dieser Stelle Zimmer und bediene mich der Einfachheit halber des Hausbegriffs.) Alle sind miteinander verbunden und existieren parallel zueinander.

Sie symbolisieren einen Aspekt der Selbstliebe – jeder Raum hat seine ganz eigene Größe und Atmosphäre. Zu einem Raum ist der Zugang leichter, während du dich bei dem anderen durch einen schmalen Zugang quetschen musst. Hast du einmal die Schwelle einer der Räume übertreten und die dortige Luft in dich aufgenommen, verschmilzt du mit der Energie und

Beschaffenheit des Raums. Wie fühlt sich der Gedanke an? Was empfindest du dabei, dass du dieser Tempel der Selbstliebe bist und dass er gleichzeitig in dir ist?

Je nach Bedürfnis stehen wir in einem Raum und sind uns währenddessen natürlich auch der Existenz und sogar vielleicht des Zustands anderer Räume bewusst. Stehe ich im Badezimmer, brauche ich diesen Ort gerade und leugne deshalb meine Küche nicht. Das ist die Integration und die Annahme der anderen Säulen als Teil von uns. Vielleicht gibt es zwischen dem Wohnzimmer und dem Esszimmer keine Tür, so dass alles offen ist. Möglicherweise hat unser Tempel auch Wände aus Glas, so dass wir immer alle anderen Zimmer sehen können. Jeder Raum ist unterschiedlich gestaltet – von kunterbunt bis grau ist alles dabei. Und während der eine Raum je nach Tageszeit und Lage lichtdurchflutet ist, ist der nächste etwas düster und wenig farbenfroh, bis die Aufmerksamkeit wieder auf ihn gerichtet ist. Nicht immer fühlst du dich in jedem Raum gleich wohl und manchmal möchtest du einen der Räume am liebsten sofort verlassen.

Zugegeben, Gefühle können anstrengend sein: insbesondere jene, die von anderen in uns wachgerufen werden. Diese alten Triggerpunkte, die durch Mark und Bein gehen. Da dachtest du, alles sei abgearbeitet, und doch bringt dich etwas völlig aus der Fassung. Nimm solche Momente als Geschenk an, denn sie sind ein Spiegel dessen, was es in uns noch zu bearbeiten gilt. Jeder kennt diese Momente. Sich darauf zu konzentrieren, was nicht mehr gewünscht ist, bringt nur mehr unliebsame Gefühle, da die Energie der Aufmerksamkeit auf den ungewünschten Zustand gerichtet ist. Alles in allem geht es um Selbstvergebung und die Herstellung systemischer Ordnung in uns selbst. Du darfst dir selbst dafür verzeihen, dass du in vielen Momenten zu hart zu dir warst oder dich sogar selbst nicht mehr geachtet hast. Wir sind dafür geschaffen, in Klarheit und Liebe zu leben! Dies gelingt nur, wenn du die Transformation deines Selbst durchläufst und dich dafür öffnest, auch den Schatten der Vergangenheit zu begegnen. Gelingt uns dieser Schritt, entsteht eine völlig neue Klarheit. Immanuel Kant sagte einst:

> »Aufklärung ist der Ausgang der Menschen aus seiner selbst verschuldeten Unmündigkeit.«

Wäre das alles so simpel, hätte ich dieses Buch spätestens bei Kapitel 5 für fertig erklärt. Wir sind fühlende Wesen – verkörpert durch die vielen Areale des Göttinnen-Tempels, die symbolisch für die innere Vielfalt stehen. Die Transformation zu durchlaufen, ist das eine Element des Prozesses. Die neue Vielfalt und Leichtigkeit zu entdecken, zu integrieren und dauerhaft zu leben, ist ein ganz anderes Thema.

An dieser Stelle angekommen, ist die zentrale Botschaft, zu verzeihen. Dir selbst und anderen, die dir destruktive Dinge vorgelebt haben. Nach einer Entscheidung kommt die Praxis: Verzeihen bedeutet auch, Erlebnisse und Emotionen klar zu benennen und an die Stelle zurückzugeben, an der Wut, Schmerz und die anderen Traumata entstanden sind. Sie haben als Versteck ausgedient! Und da ist es elementar wichtig, diese wunden Punkte nach-zu-nähren, das heißt dauerhaft mit Ressourcen zu versorgen und zu integrieren. Sich mit den sieben Säulen zu beschäftigen, ist auch eine Form von Positionierung. Einstehen für das Lebens- und Liebesglück. Das damalige

Kind – das heute innere Kind – konnte und musste gar nicht die Verantwortung für Erfahrungen tragen. Die heutige Frau jedoch, die hinter die Fassaden von Schutzmechanismen und Familiendynamiken blickt, übernimmt Verantwortung auf dem Weg ihrer Heilung.

» **Kindisch ist nicht nur, wer zu lange Kind bleibt, sondern auch, wer sich von der Kindheit trennt und meint, dass das, was er nicht sieht, nicht mehr existiere.** «

C.G. Jung

Hinweis: Und dann gibt es noch die Dinge, die für unsere Seele unverzeihlich sind. Sollten diese im Laufe meiner Ausführungen berührt worden sein, bitte ich dich, innezuhalten. Selbstvergebungsarbeit ist von einer derartigen Intensität, dass man sie je nach Grad von Trauma und Verletzung in liebevolle Hände geben sollte. Bitte halte an dieser Stelle Abstand von geführten Meditationen und Ritualen. Es gibt Punkte im Leben, an denen ein therapeutischer Rahmen nachhaltig wirksam und gesünder für die Entwicklung des eigenen, gesunden Potentials ist. Genauso, wie zu langsames Arbeiten hinderlich sein kann, kann auch ein zu schnelles Vordringen sehr schmerzhaft in der Wirkung sein. „Do it yourself" ist super, traumasensibles Arbeiten jedoch erfordert Fachkompetenz und Zeit. Das mag kompliziert klingen, ist es aber nicht. Wir sind komplexe Wesen, nicht aber kompliziert.

Kleiner Exkurs

Eine Bonus-Reflexionsübung für alle besonders wissbegierigen Ladys

Im Folgenden möchte ich dir über die sieben Säulen hinaus noch einige starke Begrifflichkeiten bei der Beschäftigung mit dir selbst mitgeben, die zentral in der Liebe zu dir selbst sind und damit treue Begleiter auf dem Weg zu deinem Lebens- und Liebesglück.

Gehe wie im ersten Abschnitt dieses Kapitels in dich. Welche dieser Punkte wecken die Neugierde in dir, dich ihnen näher zu widmen? Mit welchen kannst du möglicherweise noch gar nichts anfangen?

	1	5	10
Selbstreflexion			
Selbstbestimmung			
Selbstentwicklung			
Selbstannahme			
Selbstvertrauen			
Selbstausdruck			
Selbstakzeptanz			
Selbstausrichtung			
Selbstverwirklichung			
Selbstsicherheit			
Selbstverantwortung			
Selbstverwaltung			
Selbstüberwindung			

Die Kraft der Emotionen & die eigene Schöpferkraft

> »Der intuitive Geist ist ein heiliges Geschenk und der rationale Geist ein treuer Diener.«
>
> *Albert Einstein*

Die Kraft der Emotionen und die eigene Schöpferkraft wiederzuentdecken, ist wohl der größte Akt der Selbstbefreiung. Wie sich unsere Emotionen auswirken können, haben wir in den vorherigen Kapiteln intensiv erfahren: Sie sind unsere wahren Schatztruhen! Häufig lange Zeit auf staubigen Dachböden, in geheimnisvollen Pyramiden, an Deck gesunkener Schiffe, in vergessenen Burgkellern oder auch in dunklen Kellern abgestellt, versteckt und/oder ganz verloren. Niemand weiß so genau, was sich in ihnen verbirgt. Manchmal sind sie sagenumwoben, geheimnisvoll, mystisch. Bei der Wiederentdeckung gibt es Überraschungen, Freude und innere Aufregung – der Schatz der Emotionen birgt unsere wahre Schöpferkraft zu einem lebendigen Leben. Wenn wir uns von unseren Emotionen leiten lassen, können wir unglaubliche Dinge erschaffen und in unserem Leben erreichen. Am Ende dienen alle bisherigen

Schritte der Aufarbeitung und Bewusstwerdung der Wiederentdeckung der wahren Super-Kraft in uns. Ratsam ist es, auch an dieser Stelle zwischen Emotionen und Gefühlen zu unterscheiden – dies erleichtert die Mittelbarkeit und Bewusstmachung von Emotionen.

Es gibt nicht die eine einheitliche Definition für die Unterscheidung zwischen Gefühlen und Emotionen, da die Begriffe oft synonym verwendet werden. Es gibt jedoch einige Unterschiede, die von verschiedenen Forschern und Theoretikern aufgezeigt wurden. Einige Experten argumentieren, dass Emotionen kurzfristige Reaktionen auf bestimmte Ereignisse oder Stimuli sind, die uns dazu anregen, schnell zu handeln. Zum Beispiel kann eine plötzliche Bedrohung eine Emotion wie Angst auslösen, die uns dazu veranlasst, schnell zu fliehen oder uns zu verteidigen.

Gefühle hingegen werden oft als länger anhaltende, bewusstere Erfahrungen betrachtet, die mit unserem inneren Zustand verbunden sind. Sie können als Reaktion auf eine Vielzahl von Faktoren, einschließlich Erinnerungen, Gedanken, Überzeugungen und Überlegungen auftreten. Einige Theorien argumentieren auch, dass Emotionen universelle körperliche Reaktionen sind, die durch spezifische neuronale Schaltkreise im Gehirn ausgelöst werden, während Gefühle eher individuell und kulturell geprägt sind und durch komplexe kognitive Prozesse beeinflusst werden können. Beide Konzepte sind jedoch wichtige Aspekte unserer menschlichen Erfahrung und können uns helfen, unsere Welt und unsere Beziehungen zu anderen zu verstehen. Während Emotionen also den Gesamtbereich erfassen, der vom Erleben und der Erfahrung herrührt und als Stim-

mung, Gefühlserregung und Affekt bezeichnet wird, werden dem Gefühl Begriffe wie Angst, Hoffnung, Freude, Abneigung oder Enttäuschung zugeordnet. Dabei ist es wichtig, dass Gefühle durch Befriedigung oder ausbleibende Befriedigung von Bedürfnissen aufkommen. Bist du neugierig geworden, noch tiefer in die Unterschiede einzutauchen? Es gibt verschiedene Lehren und Schulen, die sich mit der Differenzierung ausführlich befassen.

Menschliche Emotionen sind einzigartige Kräfte, die uns unser tiefes und wundersames Innenleben aufzeigen. Sie können uns zu Neuanfang oder zu Höhenflügen inspirieren – zeitweise auch in dunklere Tiefen führen, wenn unterbewusste, abgespaltene und verdrängte Anteile von uns dominieren. Einsteins Zitat bringt unser Innerstes, unser tiefes Potential, sehr gut zum Ausdruck, denn unser intuitiver Geist – unsere Emotionen – sind das beste Symbol innerer Schöpferkraft. Bedauerlicherweise leben wir in einer Gesellschaft, die genau den rationalen Lebensweg ehrt und Gefühle zu verdrängen lehrt, was weit verbreitet dazu führt, dass außergewöhnliche Tiefe individueller Schöpferkraft missachtet wird.

Und das, obwohl die Kraft der Emotionen und ein funktionierender Geist doch wunderbar in Einklang zu bringen sind. Viele Klientinnen verstecken sich anfänglich hinter ihrem enormen Wissen, das ich absolut bewundernswert finde, solange es der grenzenlosen Vorstellungskraft in jeder von uns nicht im Weg steht. Hinzu kommt, dass so lange über Generationen Mechanismen zur Verdrängung praktiziert wurden, dass diese als Normalzustand gelten, nicht aber die Freiheit und Fülle in uns fördern.

In diesem Kapitel „Die Kraft der Emotionen und die eigene Schöpferkraft“ möchte ich gemeinsam mit dir erforschen, wie du diese Kräfte nutzen kannst, um deine Selbstermächtigung zu stärken und dein Liebesglück nachhaltig zu manifestieren. Oder soll ich besser „konstituieren“ sagen? Bist du an dieser Stelle bereit, in Gefühlswelten abzutauchen, Altes loszulassen sowie neue Erkenntnisse aufzunehmen und dich selbst in der Größe des Augenblicks zu erleben? In jeder von uns steckt diese unglaubliche Schöpferkraft. Wir können unsere Gefühle nutzen, um uns und andere zu inspirieren und glücklich zu machen. Auch oder gerade im Bereich des Liebeslebens können wir mit unserer Energie positive Veränderungen herbeiführen. Doch was genau ist die Kraft der Emotionen? Wie können wir sie bewusst einsetzen? Was beeinflusst unsere Schöpferkraft? Wie können wir unsere eigene Schöpferkraft stärken?

Unsere Emotionen beeinflussen jeden Aspekt unseres Lebens – von der Art und Weise, wie wir uns selbst und andere Menschen behandeln, bis hin zu der Art und Weise, wie andere Menschen uns begegnen. Denken und fühlen wir negativ, erschaffen wir negative Erfahrungen in unserem Leben. Aber genauso funktioniert es auch umgekehrt: Positive Gedanken und Gefühle erschaffen positive Erfahrung. Etwas Schwieriges zu durchlaufen, ist an sich noch kein Problem, wenn es kein Dauerzustand ist.

Doch genau das ist es für sehr viele Frauen (wie Männer), die als Folge jahrzehntelangen Verdrängens oder plötzlich starken emotionalen Belastungen wie zum Beispiel (Liebes-)Kummer oder Verlust eines geliebten Menschen das Closed-Heart-Syndrom (Syndrom des verschlossenen Herzens) erleiden.

Dies kann sich so massiv auswirken, dass es sich manchmal wie ein ernsthaftes medizinisches „Broken-Heart-Syndrom“ anfühlt. Was so gefährlich wie ein Herzinfarkt werden kann. An dieser Stelle gilt es, im Mentoring, nachdem körperliche Ursachen medizinisch umfangreich abgeklärt und im besten Fall ausgeschlossen sind, an einer angemessenen Integration von Gefühlen und Emotionen zu arbeiten. Das Mentoring kann eine ärztliche oder therapeutische Behandlung nicht ersetzen.

Emotionen sind nie linear und konstant. Es ist wichtig, dass die Ausschläge nicht extrem sind.

Ein Auf und Ab der Emotionen ist völlig normal und verwundert wohl niemanden. Dieser Zustand normaler Schwankungen nennt sich in der Fachsprache „Windows of Tolerance“ und umfasst alles, was sich als nicht besonders außergewöhnlich anfühlt. Wie aber erreicht man dieses Feld der Toleranz? Gefühle sind eine der stärksten Kräfte auf der Welt und haben die Macht, unser Denken und Handeln zu beeinflussen – wir sind also trotz Erfahrungsschatz „formbar“ und wandelbar, auch zum Positiven! Das Schlüsselwort hier heißt „Neuroplastizität“. Dank der Neuroplastizität kann unser Gehirn bis ins hohe Alter lernen, auch den Umgang mit Emotionen. Meine älteste Klientin zum Beispiel ist 82 Jahre alt – es ist also nie zu spät, an seinem Liebes- und Lebensglück zu arbeiten.

Neuroplastizität ist King!

Denn indem wir lernen, unsere Gefühle besser zu verstehen und uns selbst mehr zu lieben, können wir nicht nur unser eigenes Leben verbessern, sondern auch eine konsequente Regulierung von Empfindungen erwirken. Irgendwann stellt sich bei einer intensiven Beschäftigung mit sich selbst und einer liebevollen, fachkompetenten Begleitung ein Zustand ein, bei dem die Ausschläge der Gefühle nicht mehr so massiv sind und mehr innere Ruhe der permanente Ist-Zustand ist. Der ultimative Wendepunkt, der sich überraschenderweise sogar ganz leise einstellt. Kein riesiges Spektakel wie in Hollywood. Keine Geigen, keine Musik. Aber dafür ganz viel innere Ruhe und Herzöffnung. Bist du bereit, mit mir in die Welt der Emotionen einzutauchen? Dies ist übrigens kein Punkt in der persönlichen Entwicklung, den du auf Biegen und Brechen alleine durchlaufen musst. Es ist ein Ausdruck innerer Stärke, sich Rat bei einem Mentor zu suchen.

Wenn es um die Schöpferkraft der Emotionen geht, ist nichts unmöglich! Auch wenn uns unsere jetzige Situation oft vor große Herausforderungen stellt, so können wir doch mit den richtigen Gefühlen an die Sache herangehen und etwas verändern. Wie viel Macht unsere Emotionen wirklich haben, wirst du immer dann bemerkt haben, wenn du über etwas oder jemanden Enttäuschung empfunden hast. Bist du in das Gefühl hineingestiegen, wurden die unliebsamen Empfindungen bis zu einer unerträglichen Peak-Phase mehr und mehr. Es ist wie eine Ansammlung an Empfindungen, die dann aus uns herausplatzt. Zunächst vielleicht in Form von Tränen, gefolgt von Wut, Klarheit, Erleichterung. Das alles dient der Kanalisierung und Fokussierung dessen, was in dir vorgeht, und ist somit der Weiterentwicklung dienlich. Es gibt viele Wege, um unsere schöpferische Kraft zu stärken. Einer davon ist die gezielte Nutzung von Emotionen und der bewusste Umgang mit allem, was uns als wundervolle Wesen umfasst.

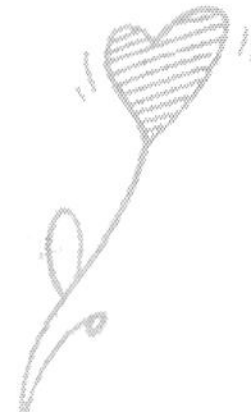

Warum schöpferische Kraft durch Emotionen stärken?

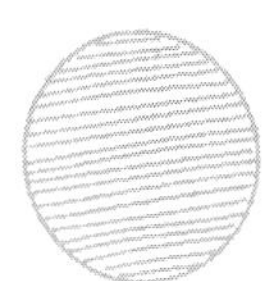

Nutzt du die Gefühle in dir, bist du unschlagbar als Schöpferin, denn kein Motor ist so stark wie der innere Antrieb, der unserem Herzen entspringt! Wenn du deine schöpferische Kraft durch Emotionen stärken möchtest, musst du zunächst erkennen, welche deiner Gefühle dich am meisten inspirieren. Dies kannst du über Reflexion und Visualisierung herausfinden. Erinnere dich an Momente, in denen du ein starkes Gefühl hattest, und wie du dieses Gefühl nutzen konntest, um ein kreatives Ergebnis zu erzielen. Oder visualisiere, wie du ein bestimmtes Gefühl erleben könntest, um deine Kreativität zu fördern. Wenn du deine Gefühle erforschst, kannst du deine schöpferische Kraft durch Emotionen aufbauen und kreative Ideen entwickeln. Um deine schöpferische Kraft durch Emotionen zu stärken, ist es ebenfalls wichtig, dass du deine Gefühle akzeptierst. Sei dir bewusst, dass alle Gefühle wichtig sind und sie alle eine Rolle bei der Entwicklung deiner Kreativität spielen. Akzeptiere, dass manche Gefühle beängstigend oder schwierig sein können, aber sie sind ein Teil von dir. Wenn du deine Emotionen akzeptierst, kannst du sie nutzen, um deine schöpferische Kraft zu stärken.

Auch das glücklichste Leben ist nicht ohne ein gewisses Maß an Dunkelheit denkbar. «

C.G. Jung

Ein weiterer wesentlicher Schritt, um deine schöpferische Kraft durch Emotionen zu stärken, ist die Verbindung zu deinen Gefühlen. Lass dir Zeit, um mit deinen Gefühlen zu spie-

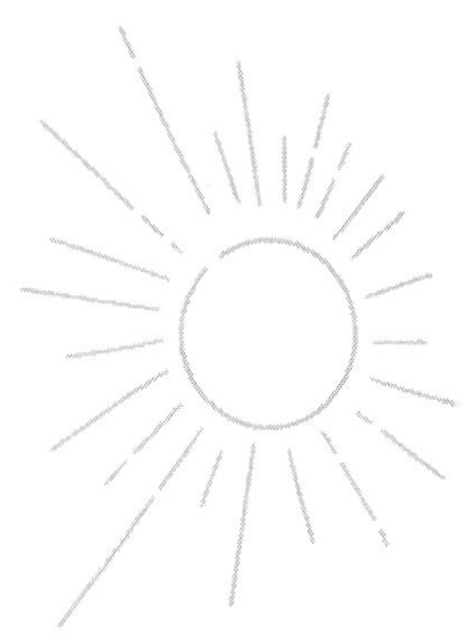

len und zu experimentieren, um zu sehen, wie sie sich auf deine Kreativität auswirken. Wenn du deine Gefühle auf einer tieferen Ebene erforschst, kannst du deine schöpferische Kraft effektiver nutzen. Durch die Stärkung deiner schöpferischen Kraft durch Emotionen kannst du neue Ebenen der Kreativität erreichen. Erforsche deine Gefühle und nutze sie, um neue Ideen und deinen persönlichen Stil zu entwickeln. Sei offen für die Kraft deiner Gefühle und nutze sie wie selbstverständlich – wie eine Zahnbürste meinetwegen, die auch ganz normaler Bestandteil deines Alltags ist.

Welche Emotionen befähigen dich besonders?

Alle, die dein Herz vor Freude hüpfen lassen! Freude, Zufriedenheit, Vergnügen, Stolz, Inspiration, Hoffnung, Dankbarkeit, Interesse, Liebe: Es gibt viele verschiedene Emotionen, die dir helfen können, deine schöpferische Kraft zu stärken. Diese können dir helfen, deine Ziele zu erreichen, indem sie dich motivieren, kreativ zu sein und deine Ideen zu verfolgen. Das klingt leicht gesagt, denn auch hier macht die Dosis das Glück aus. Einmal im Jahr Brokkoli verspeisen und schon sind wir körperlich kerngesund? Niemand würde das glauben. Warum sollte es sich mit unserer Psyche anders verhalten? Um unsere psychische Verfassung auf Dauer gesund zu erhalten, ist es wie bei einer geeigneten Ernährungsweise notwendig, regelmäßig positive Emotionen zu genießen. Ein einzelner Anflug von Glück reicht nicht aus, um gesund zu bleiben. Barbara Fredrickson, eine führende Expertin im Bereich der positiven Emotionen, betont, dass nur ein regelmäßiges Erleben dieser Gefühle uns langfristig emotional gesund halten kann.

Emotionen und Gefühle wie Freude, Optimismus, Lust und Dankbarkeit und Stolz können dir dabei helfen, deine Ziele zu kanalisieren und zu erreichen. Indem du dich auf diese positiven Emotionen konzentrierst, kannst du deine kreativen Energien freisetzen und deine Ziele erreichen. Auch Emotionen und Gefühle wie Inspiration, Mut, Widerstandsfähigkeit (Resilienz) und Ausdauer können dir dabei helfen, die Herausforderungen zu meistern, die auf deinem Weg liegen. Wenn du dich auf diese Emotionen konzentrierst, kannst du dich selbst motivieren und dein volles Potential ausschöpfen.

Und auch die „schlechten" (unangenehmen und gesellschaftlich unerwünschten) Emotionen und Gefühle wie:

- Wut/Aggression
- Trauer
- Angst
- Schuld
- Scham
- Neid
- Abneigung/Ekel
- Ohnmacht

- Minderwertigkeit
- Selbstzweifel/Selbstherabwürdigung

können großartige Helfer und Botschafter deiner Seele für dein schöpferisches Potential sein. Das nennt man Schatten-Arbeit und Schatten-Integration nach dem Konzept des Schweizer Psychiaters C.G. Jung (Begründer der analytischen Psychologie).

Inspiration für dich: Auch die Werke von Verena Kast rund um das Thema können für dich an dieser Stelle sehr spannend sein. Und schlage dazu auch gerne noch einmal im ersten und zweiten Kapitel meines Buches nach.

Wichtig ist dabei immer, alle Erfahrungen und Gefühle zuzulassen – verdrängt wurde lange genug!

Wie du deine schöpferische Kraft durch Emotionen unterstützen kannst

Wenn du die Kraft deiner Emotionen nutzen möchtest, um deine schöpferische Kraft zu stärken, gibt es ein paar einfache Schritte, die du unternehmen kannst. Hier findest du einige Schritte, mit denen du ganz bewusst in die Emotionen gehen kannst:

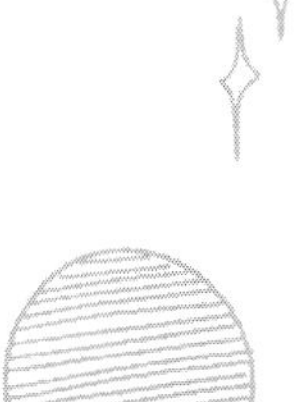

Erstens, versuche, die Energie deiner Gefühle zu spüren und sie zu deinem Vorteil zu nutzen. Richte deine Aufmerksamkeit auf die Energie und die Kreativität, die sie in dir auslösen. Lass dich von ihnen inspirieren und schreibe oder male, was immer dir in den Sinn kommt.

Zweitens, nutze deine Emotionen, um deine Kreativität anzuregen. Versuche eine emotionale Verbindung zu deiner Arbeit herzustellen und lass dich von deinen Gefühlen leiten. Schreibe oder male, was diese Emotionen in dir auslösen.

Drittens, konzentriere dich auf die schöpferischen Möglichkeiten, die deine Gefühle dir bieten. Nutze sie, um neue Ideen zu entwickeln und deine Kreativität zu stärken. Mit der richtigen Einstellung kannst du deiner Kreativität und deiner schöpferischen Kraft neue Impulse geben.

Wenn du dich an diese einfachen Schritte hältst, kannst du deine schöpferische Kraft durch Emotionen stärken. Letztlich kann ich nur sagen, dass wir alle dazu befähigt sind, unsere schöpferische Kraft durch die richtige Verbindung von Emotionen und Kreativität zu stärken. Wir alle haben die Fähigkeit, Ideen zu generieren, unsere Emotionen zu nutzen, um kreative Prozesse zu unterstützen, und sie zu einem positiven Endergebnis zu führen.

Es ist wichtig, sich bewusst zu machen, dass man dazu in der Lage ist und diese schöpferische Kraft nutzen kann. Dazu braucht man eine starke Einstellung, die einen anregt, sich selbst zu überwinden und neue Wege zu gehen. Man muss sich der Tatsache bewusst sein, dass man nicht nur in der Lage ist, schöpferisch zu sein, sondern dass es auch möglich ist, eine starke emotionale Verbindung mit der schöpferischen Kraft in sich selbst aufzubauen. Wenn wir uns unserer Emotionen bewusst sind und uns ihnen öffnen, können wir unsere schöpferische Kraft ungeahnt verstärken und wirken lassen, was uns zu einem erfüllteren und glücklicheren Leben führen kann.

Die Liste unserer Emotionen könnte wahrscheinlich allein schon ganze Bände füllen. Faszinierend ist in meiner Praxis für mich dabei immer wieder, wie unterschiedlich jede einzelne Frau die Gewichtung empfindet. Während eine mit Wut zu kämpfen hat, kann die nächste Wut gut verarbeiten, zerbricht innerlich aber an Trauer. Wo eine Frau die Neugierde bereits ganz bewusst zelebriert, liebt die nächste Begeisterung und geht in ihr auf. Liebe Ladys, genau das ist die vorhin angesprochene Dysbalance der Gefühle. Es geht darum, in die Entspannung zu kommen und, egal in welche Richtung, die massiven

Ausschläge regulieren zu können bis, zu einem Punkt, an dem innere Harmonie unser Leben auszeichnet. Ob Wut, Trauer, Freude, Neugierde, Liebe, Angst, Scham, Schuld, Begeisterung, Dankbarkeit – sie gehören alle dazu.

Wusstest du eigentlich, dass jeder Gemütszustand mit einem ganz eigenen Reaktionsmuster versehen ist? Lange Zeit haben wir vom Säuglingsalter an – und sogar schon pränatal – zu empfinden und zu reagieren gelernt. Als hochsensitive Wesen, denn das ist jede von uns in ihrem „Urzustand", auch ohne die neuen Modebezeichnungen, sind wir bis zum Ende des ersten Lebensjahres eine hundertprozentige Kopie des Nervensystems unserer Mütter. Ist diese im Gefühl der Ablehnung, im Widerstand oder auch der Annahme, Liebe und Fülle, ist genau das der Ausgangspunkt für die Herausbildung unseres eigenen emotionalen Geflechts. Ist eine Mutter in der Dysregulation oder sogar Depression, passieren genau dort Erschütterungen in unserem System des Säuglings.

Aufforderungen, zu seinen Gefühlen zu stehen, klingen immer leicht gesagt. Mir geht es darum, dich für dein Empfinden zu sensibilisieren und nicht mit dem Holzhammer daherzukommen. Was sich in Jahrzehnten anstaut, findet nicht in einem einzigen Moment durch ein nettes Mantra oder eine Affirmation seinen Weg nach außen. Alle Punkte, die ich dir bisher an die Hand gegeben habe, sind Bestandteil eines ganzen Puzzles. Ab einem gewissen Punkt kannst du das gesamte Bild erkennen, auch wenn noch nicht alle Teile zusammengefügt sind. Man ahnt, welches Motiv sich am Ende zeigt; harmonisch ist das Puzzle deines Selbst jedoch erst dann, wenn alle Teile ausgelegt wurden. Die Dynamik der Entspannung taucht bereits auf, wenn wir das Puzzle zu legen beginnen, denn die Energie folgt bekanntlich der Aufmerksamkeit.

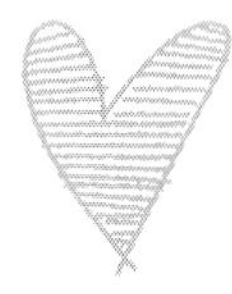

Vor einer Weile tauchte eine wundervolle Frau im Mentoring auf, die ziemlich irritiert war. Nachdem sie genau am Punkt des Puzzles der Kraft der Emotionen angekommen war, zeigten sich mit zunehmender Vitalität auch Dinge wie Neid, Missgunst und Wut als Spiegel alter Themen außen. Kannst du dir vorstellen, womit das verknüpft sein könnte? Die elementare Veränderungsenergie ist eine massive Bewegung hin zur Selbstwirksamkeit, die durch das Erleben aufkommt. Leben wir ein neues Leben, zeigen sich als eine Art innerer Spiegel auch „alte" Themen von früher, die wir dabei sind loszulassen. Und auch das ist kein Grund für eine ausgewachsene Panik, denn nicht umsonst durchläufst du dieses erste Mentoring anhand meines Buches. Sollten wir uns noch nicht persönlich kennen, kannst du die einzelnen Kapitel im entsprechenden Moment immer wieder mal als Hilfe zur Hand nehmen. Als „Was tun, wenn´s brennt?"-Handwerkszeug sozusagen.

Ich bin davon überzeugt, dass dich die vielen Erkenntnisse so aufrütteln, dass sich auch der richtige Impuls zum richtigen Kapitel im geeigneten Moment zeigt – die Grundsteine für den Bewusstseinswandel sind gelegt. Ziel ist es, inspiriert und voller Kraft durchs Leben zu gehen. Lebendigkeit sorgt für eine Kraft von innen heraus. Auch Attraktivität nimmt urplötzlich zu, wie Reaktionen in der Außenwelt zeigen. Eingestiegen sind wir mit der Vision, endlich den Mr. Right zu finden. Nun ist es endlich so weit – nach 9 Kapiteln werden sich, wenn du dich den Inhalten der Kapitel intensiv widmest, nun auch Reaktionen in der Außenwelt zeigen. Bisher habe ich es gemieden, darauf einzugehen, da wir uns um deinen inneren Status kümmern mussten. Die Sogwirkung auf andere auch im Umfeld entsteht genau dann, wenn die inneren Prozesse zu greifen beginnen. Dies ist erster Ausdruck erweckter Emotionen und Lebendigkeit!

Wir sind als Frauen die Hüterin der Emotionen!

Die massive Einflussnahme, also das Potential zur aktiven Ausgestaltung des Lebens, steckt unbemerkt in jeder von uns! Das Liebesglück ist dabei unser Ziel: Hier geht es darum, in die Kraft der Liebenden und der Geliebten zu kommen und diese Kraft in sich zu entdecken.

> **» Die ureigenste Aufgabe der Frau ist es, dem Mann den Weg ins Herz zu weisen. Während der Mann der Frau Schutz bieten sollte, damit sie ihrer Aufgabe nachkommen kann. «**
>
> *Quelle unbekannt*

All dies dient uns als Zugang zu eigener Schöpferkraft und Vitalität. Frauen wissen dem Naturell nach bei jeder Nuancierung, was mit dem Umfeld los ist. An dieser Stelle können wir den Blick ausweiten, nachdem wir uns intensiv deiner individuellen Entwicklung gewidmet haben. Alle bisher beschriebenen Verletzungen und Traumata stehen absolut in Kontrast zu dem, was den weiblichen Ursprung ausmacht. Alle Hinweise und Impulse dieses Buches dienen dir dazu, die Entfremdung vom Urzustand der Frau als solchen wahrnehmen zu können, um in die Fülle und Schöpferkraft zu gelangen.

In uns Frauen steckt eine herausragende Mischung aus emotionaler Kompetenz und Intelligenz, die unschlagbar ist, wenn wir sie begreifen und aktiv nutzen. Ich verhelfe dir, die bekannte Angst und Verletzungen gegen weibliche Kompetenz zu tauschen. Die weiche und herzliche Weiblichkeit bist du! Lasse das alles kurz sacken. Im nächsten Kapitel zeige ich dir, wofür wundervolle Frauen geschaffen sind!

Möchtest du noch tiefer in die Welt der Emotionen und Gefühle einsteigen? In Folge sieben meines lebendigMACHER Podcasts kannst du alles rund um die Intuition und geistige Inspiration zusätzlich zu den 5 Sinnen erfahren.

Weiblichkeit & Sexualität

 **Frauen brauchen Frauen, um zu wachsen.** 

Auf dem Höhepunkt des Miteinanders entsteht neues Leben. Den Höhepunkt meines Buches macht die urweibliche Kraft des Frauseins aus. Das Hochgebiet der Weiblichkeit ist jener Punkt, an dem die volle Schöpferkraft entfaltet und das Bewusstsein für den Ursprung geschaffen wurde. Frau sein bedeutet, Hüterin der Materie zu sein. Die Urkraft femininer Gestalt ist es, zu schöpfen und zu kreieren. Erinnere dich daran, dass wir als Frau empfangen und daraus neues Leben gestalten.

Dies alles kommt nach vielen intensiven Kapiteln als Akt gezielter Weiterentwicklung zur befreiten Weiblichkeit zum Ausdruck. Mehr Individualität und Befreiung gehen kaum, wenn die aufgezeigten Methoden von Kapitel 1 an gezielt zur Anwendung kommen. Die Weiblichkeit als absolute Power (wieder) zu entdecken, sich diese bewusst und nützlich zu machen, diese anzunehmen und darin aufzugehen, das ist das Ziel dieses finalen Schrittes.

An diesem Punkt angekommen sprechen wir über ein Thema, das interessanterweise nicht mehr Tabuisierung als zum Beispiel die Gefühlswelt erfährt. „Geliebt" wird dann irgendwie doch immer, auch körperlich, und das auch dann, wenn eigentlich alles in uns NEIN schreit. Sich wirklich aus der Tiefe körperlich hinzugeben, bedeutet, Herzensemotion über den Akt der Zusammenkunft mit dem Partner zu erfahren. In meiner Arbeit geht es um eine gesunde Weiblichkeit und den tiefen Bezug zu sich selbst. Eine wunderbare Quelle der Inspiration ist insbesondere Autorin Diana Richardson, die sich als Sexualtherapeutin Themen wie dem weiblichen Höhepunkt und den tantrischen Lehren widmet. Durch sie konnte ich noch besser verstehen, was in Körper und Seele in Mann und Frau während der Vereinigung geschieht. Während Männer ihrer Veranlagung nach Nähe vor dem Akt aufbauen, gestaltet sich die emotionale Verknüpfung für Frauen nach dem Akt, evolutionär bedingt, über das Bindungshormon.

Übertragen von elektromagnetischer Energie fließt Strom an beiden Enden jeweils vom Plus- zum Minuspol. Sprich vom Plus zum Minus (Mann zur Frau) und vom Minus zum Plus (von der Frau zum Mann). Die Übertragung von Liebesenergie findet im gesunden Fall über das Herz der Frau statt, als Teil urweiblicher Energie (Pluspol), Energie sendend, während der Mann als „Minuspol“ über das Herz empfängt. Deswegen sind wir Frauen die Hüterinnen der Emotionen.

Warum ist Sexualität aber ein Ausdruck der Schöpfung? Zunächst möchte ich schonend erklären, dass Sex und Sexualität zwei vollkommen unterschiedliche Dinge sind, die nichts direkt miteinander zu tun haben müssen. In der Geschichte der Menschen stand Sexualität als Synonym für Sex und damit lange Zeit in der Tradition der Pflicht und diente somit oft dem Abbau männlicher Aggression. In dieser Erklärung schwingt bereits mit, wie es gleichzeitig um die weibliche Energie be-

stellt war: Mit dem ausschließlichen Fokus auf die männliche Position wurde die wahre Bestimmung femininer Kraft, die der Kreation, ausgebremst. Die weibliche Kraft ist in ihrem Ursprung jene des Empfanges und Schaffens. Es mag etwas fremd klingen, aber Frauen sind dafür gemacht, etwas zu erschaffen. Früher mag es Handwerk oder die Herstellung von Nahrung und Heilmitteln und das Kümmern um Familie und Kinder gewesen sein. Und NEIN, dies ist keine Parole „Frauen zurück an den Herd!". „Frauen zurück zu sich selbst!", das ist mein Mantra.

Denke einmal darüber nach, was damalige Schaffensprozesse auf die moderne Welt heute übertragen sein könnten! Frauen schaffen und gestalten heute Beziehungen, bilden Fundamente: Sie gründen ein Business und bauen Geschäfte auf und kümmern sich weiterhin um Familie und Kinder. Auch das ist der feminine Prozess der Schöpferkraft in uns allen. Dies ist keinesfalls feministisch oder einseitig gemeint. Es geht nicht darum, das Bild einer unterdrückten Frau zu zeichnen – nichts liegt mir ferner. Jede Zeit und Gesellschaft bringt eigene Rollenbilder hervor, die wir gerne in unsere heutigen Prozesse integrieren dürfen. Etwas wahrzunehmen, bedeutet nicht, neue Glaubenssätze aus heutigem Empfinden gegenüber alten Verhaltensweisen aufzubauen.

Was vielleicht passiv klingen mag, ist ein In-sich-ruhen und Zentriert-sein – genau von diesem Gemütszustand geht jeder Start aus. Der Urkern von Schöpfung ist weiblich, nicht umsonst entsteht in uns Frauen neues Leben. Und nein, das ist in keiner Form sexistisch gedacht, da wir uns als aufgeklärte und gesunde Frauen der maskulinen Rolle ebenso bewusst sind wie unserer eigenen. Wir empfangen und kreieren Neues – das ist auch sinnbildlich zu verstehen für das, was geschehen kann, wenn wir im Fluss weiblicher Kraft sind. In meinem ganzen Buch geht es darum, Weiblichkeit und deine absolute Kraft zurückzuerobern. Die Reise durch die Kapitel ist die Lehre davon, wie du zu deinem eigenen Katapult ins Liebesglück wirst. Kein äußeres Werkzeug ist es, das dich befähigt, sondern die Liebeskraft in dir ist alles, was ist! Jedes Kapitel ist ein Baustein, der richtig angewandt am Ende die Schöpferkraft wie ein Puzzle zusammensetzt. Das gesamte Bild ergibt die Kraft der Göttin in dir. Du hast den Prozess bis zu dieser Stelle durchlaufen und kannst dich nun hineinfühlen, wie sich die Befreiung der Schöpferkraft in dir anfühlt.

Wie in den anderen Abschnitten gilt es, den Selbstwert wahrzunehmen und zu definieren. Während bisher die Rolle der Emotionen zentral war, rückt nun auch die Rolle des Körpers in unseren Blick. Wusstest du eigentlich, dass jedes Gefühl in einer Region des Körpers seinen eigenen Platz hat? Es ist wie ein bestimmter Platz im Tempel der inneren Göttin, den kein anderes Gefühl einnehmen kann. Der Sitz des Selbstwerts zum Beispiel ist – aus der Sicht der Körperpsychotherapie – dem Sakral Chakra zugeordnet, eines deiner körperlichen Energiezentren, von denen wir alle je nach Lehre mindestens sieben haben. Du siehst, es macht Sinn, sich auch mit diesen Themen intensiv für das befreite Leben zu beschäftigen.

In der Körperlichkeit wie auch in allen anderen Bereichen des Lebens ist die wohldosierte Balance zwischen Anspannung und Entspannung zentral, denn nur so fließt die Lebensenergie – der Ursprung des Lebens liegt nun mal im Bereich weiblicher

Geschlechtsorgane. Sich mit weiblicher Sexualität zu beschäftigen, schwankt irgendwo zwischen Klischee und Modeerscheinung. Frausein ist so viel mehr als jene Bilder, die gezeichnet werden.

Frau zu sein ist ein Leben mit einem Zyklus zwischen Neugierde und Tabus. Wie kann Frau mit dem Zyklus leben und arbeiten? Bis hin zu emotionalen Belastungen kann es zum Beispiel führen, wenn eine hormonelle Dysbalance vorliegt – die wiederum häufig durch eine blockierte Sexualität entstehen kann. Ein Kreislauf, da sich die Faktoren wechselseitig bedienen. Der tiefe Ursprung dieser Entwicklungen ist ebenso verwurzelt, wie es die Männerbilder sind. Erinnerst du dich an Kapitel 3 und die Männerbilder, die wir unter die Lupe genommen haben? Bei der sukzessiven Vorarbeit sind wir nun an einem Punkt angekommen, der durchaus schmerzlich sein kann. Auch hier gilt, dass du gerne mit mir gemeinsam den Prozess beschreiten kannst.

Ein wesentlicher Schritt zur Erkenntnis unseres Selbst ist es, sich mit der energetischen Beschaffenheit von Mann und Frau zu beschäftigen, da beide sowohl weibliche als auch männliche Eigenschaften in sich tragen. Leider sind aufgrund unserer sozialen, wirtschaftlichen und familiären Prägungen sowohl Männer als auch Frauen geübter im Umgang mit den Eigenschaften, die traditionell als „männlich" angesehen werden. In vielen Bereichen wie Erziehung, Schule, Wirtschaft und Gesellschaft wurde bisher dem männlichen Prinzip Priorität eingeräumt. Die Unzufriedenheit darüber steigt zunehmend bei Frauen und Männern. Viele von ihnen fühlen sich erschöpft und ausgebrannt. Sie suchen nach einem höheren Sinn und einer Berufung und wollen nicht länger ihre Gefühle, Inspiration oder ihr Bauchgefühl (Intuition) verdrängen. Es besteht ein wachsender Wunsch nach mehr Raum für Stille, Passivität, Weichheit, Hingabe und Empfänglichkeit. Das Festhalten an alten Rollenbildern wird immer weniger attraktiv, stattdessen möchten Menschen ihr Leben eigenverantwortlich und selbstbestimmt gestalten. Geht es dir auch so?

Wenn wir bewusst die Qualitäten des weiblichen Prinzips in unser Leben einbeziehen möchten, benötigen wir oft Hilfsmittel, um diese Qualitäten wieder zu aktivieren. In diesem Zusammenhang können die 13 Archetypen der Frau ein sehr nützliches Werkzeug sein. Sie sind universell verständliche, symbolische Prototypen, die uns aus Mythen und Märchen bekannt sind. Sie repräsentieren bestimmte charakterliche Qualitäten, Lebensqualitäten, Rollen und Verhaltensweisen, und „erinnern" uns an die Qualitäten, die in uns schlummern und die wir vermehrt zum Leben erwecken möchten.

Das für mich umfänglichste und sehr wertvolle Modell weiblicher Archetypen habe ich bei Elisabeth Davis & Carol Leonard im Buch „Im Kreis des Lebens" vorgefunden. Und natürlich schöpfe ich auch hier aus meiner jahrelangen Erfahrung als Frauenkreis-Leiterin. Im Folgenden stelle ich dir die einzelnen Archetypen vor. Mögen sie dir ebenso aufschlussreich sein und helfen, die weiblichen Qualitäten zu beleben und ihnen wieder mehr Raum in unserem Leben zu geben.

Egal wie alt wir sind, die Beschäftigung mit den 13 Typen ist auch ein elementarer Bestandteil der Entdeckung der weiblichen Urkraft, denn wir alle haben sämtliche Archetypen in uns.

Je nach Lebensphase repräsentieren wir jeweils einen Archetyp, es ist also kein Phänomen, das wir bei anderen Frauen aus der Ferne beobachten. Es gilt, die Weisheit und Botschaften der anderen Archetypen abrufen und nutzen zu können, um tiefe weibliche Weisheit zu erlangen und damit eine ungeahnte Schöpferkraft zu entfalten.

Archetypen sind ursprüngliche Muster menschlichen Verhaltens, die seit Langem im kollektiven Bewusstsein verankert sind und bei allen Menschen ähnliche Emotionen und Assoziationen hervorrufen. Der Schweizer Psychiater Carl Gustav Jung entdeckte sie. Wir können die Archetypen nutzen, um unsere Persönlichkeitsentwicklung zu fördern, indem wir uns mit ihnen verbinden und stärken. In folgenden Abschnitt werden wir uns genauer mit den Archetypen befassen.

Die 13 weiblichen Archetypen kannst du auch im Verlauf eines Jahres beobachten und mit den sogenannten Jahreskreisfesten bewusst zelebrieren, wozu ich dich hier gerne einladen möchte. Mehr Inspirationen dazu findest du in meinem lebendigMACHER Podcast, höre gerne rein.

Los geht's, hier sind die 13 Archetypen im Kreislauf des Lebens und im Jahreskreis:

1. Alte Weise

Die Himmelsrichtung, die von der alten Weisen bevorzugt wird, ist der Norden, und ihre Mondphase ist die des Neumonds, da sie das Ende ihres Lebens erreicht haben.

Sie selbst ist im Einklang mit sich und engagiert sich gleichzeitig für die Gemeinschaft. Wie die Mutter, die in ihrem Archetypenkreis repräsentiert ist, ist sie fürsorglich, jedoch auf einer größeren gemeinschaftlichen Ebene.

Das Wintersonnenwendfest ist für sie das wichtigste Fest im Jahreskreis, da es die dunkelste Zeit mit den längsten Nächten markiert.

Die besondere Stärke der weisen Alten manifestiert sich in uns, wenn wir das große Ganze als Basis für die Lösung von Problemen betrachten. Wenn wir anderen erlauben, aus ihren eigenen Erfahrungen zu lernen und Fehler zu machen, weil wir intuitiv wissen, dass unsere Worte nicht mit selbst gemachten Erfahrungen verglichen werden können. Die weise Alte fungiert als Vorbild und formt das Verhalten der Gesellschaft, wie eine Mutter ihre Kinder formt.

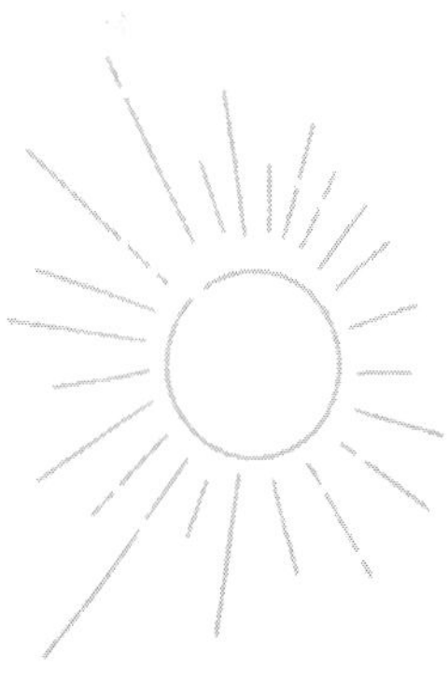

2. Dunkle Mutter

Wie die Hebamme, ihre Entsprechung im Archetypenkreis, steht die dunkle Mutter an der Schwelle zwischen Leben und Tod. Nur diesmal geht es um ihren eigenen Tod. Sie begibt sich allein auf den Weg in die Anderswelt, trennt sich vollständig von der ewigen Jagd des Lebens und wird dabei noch weiser als die weise Alte. Abschiedsschmerz, aber auch Befreiung und Verwandlung sind die Qualitäten, in denen sie lebt und stirbt.

Ihr Mond ist die winzige Sichel nach Neumond, ihr Monat ist Januar, in dem die Tage wieder länger werden, denn die dunkle Mutter steht an der Schwelle der Erneuerung. Der Tod des Alten schafft Raum für die Geburt des Neuen. Die dunkle Mutter umgibt eine Aura des Kompromisslosen, der Härte (Symbol Sense). Durch sie wird das absolut Wesentliche, der Sinn und Zweck des Lebens klar. Die besondere Kraft der dunklen Mutter erwacht in uns, wenn wir einen mutigen Sprung ins Unbekannte wagen müssen, wenn wir keine Wahl haben. Der Tod kommt, wann er will, und wir müssen uns ihm hingeben, ob wir wollen oder nicht. So kommen wir in Berührung mit der dunklen Mutter, wenn wir überholte Glaubensmuster loslassen, wenn wir über unsere bisherigen (inneren) Grenzen hinauswachsen und dabei große Risiken eingehen, uns unseren ältesten Ängsten stellen.

Wir kommen mit ihr in Berührung, wenn wir unsere Kinder loslassen müssen, damit sie ihren Weg gehen können, wenn wir einen geliebten Menschen verlieren, wenn wir einen Unfall haben, der uns aus dem gewohnten Alltag reißt. Überall dort, wo wir kleine und große Tode sterben.

3. Tochter

Der Februar markiert den Monat der Töchter. Imbolc, auch bekannt als Lichtmess oder Brigidfest, wird zu dieser Zeit zelebriert. Es ehrt die Erneuerung des Lebens, das noch als Samen und Zwiebeln im Boden ruht, jedoch bald zum Leben erwachen wird. Die Töchter befinden sich zwischen Kindheit und Pubertät und strahlen Reinheit und Unvoreingenommenheit aus, ohne von äußeren Erwartungen beeinflusst zu werden. Sie ist eine Inspiration und Freude für Frauen jeden Alters.

Selbst in späteren Phasen des Lebens können wir die Energie der Töchter wiederbeleben, indem wir uns daran erinnern, was uns im Alter von sieben oder acht Jahren besonders begeistert hat. Diese Erinnerungen können uns wertvolle Hinweise darauf geben, in welche berufliche Richtung wir uns bewegen sollten, um unsere Talente und Herzenswünsche auszuleben.

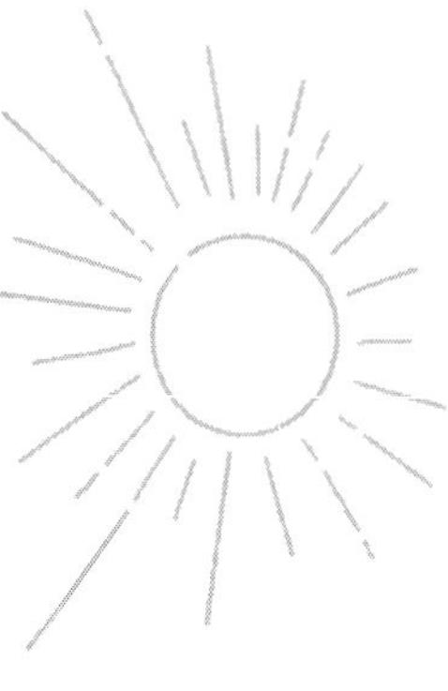

4. Jungfrau

Das Frühlingsfest Ostara – das Fest der Frühling-Tag-und-Nacht-Gleiche – markiert das Jahreskreisfest der Jungfrau, eine Lebensphase, die sich zwischen Kindheit und Frausein befindet. Es ist eine Zeit des Erwachens, in der der Körper der Jungfrau erwacht und sie ihre erste Menstruation erlebt. In dieser Zeit entdeckt sie sich nach und nach in ihrer Körperlichkeit und Sinnlichkeit und erforscht vielleicht auch ihre Sexualität.

Die Jungfrau steht oft vor Konflikten zwischen ihrem Wunsch nach Freiheit und ihrem wachsenden Verantwortungsbewusstsein. Doch sie besitzt eine besondere Kraft – die jungfräuliche Unschuld –, die in ihr erwacht, wenn sie sich auf neue Abenteuer und Projekte einlässt und diese mit reinen Absichten und Enthusiasmus angeht.

Die Menarche, auch bekannt als das erste Blutsmysterium, ist ein entscheidender Meilenstein im Leben einer jungen Frau. Eine liebevolle Unterstützung von anderen Frauen kann dabei helfen, diese Zeit mit Kraft und Selbstbewusstsein zu durchlaufen und ein unabhängiges Frausein zu entwickeln.

5. Blutsschwester

Die Phase der „Blutsschwester“ tritt meist in späten Teenagerjahren oder Anfang 20 auf. Während dieser Zeit ist der Mond, der sie begleitet, eher hell als dunkel, was ihre wachsende Weltoffenheit und ihren Wunsch, sich in die Gesellschaft einzubringen, widerspiegelt. Sie ist noch wild und ungestüm, probiert mutig und provokativ verschiedene Körperschmuck- und Kleidungsstile aus und knüpft intensive Freundschaften zu anderen Frauen.

Blutsschwestern unterstützen sich gegenseitig bei ihren ersten Schritten in die Gesellschaft, teilen ihre Erfahrungen mit Männern und Liebe und geben einander Halt. Sie besuchen gemeinsam Demonstrationen, tauschen sich intellektuell aus und pflegen körperliche Nähe.

Auch später im Leben können wir uns in die Blutsschwesternschaft begeben, besonders wenn wir einer Freundin in schwierigen Zeiten beistehen. Leider ist dieser Archetyp aufgrund der starken männlichen Konkurrenz und eines Umfelds, das Frauen oft gegeneinander ausspielt, in Vergessenheit geraten. Anstelle von Zusammenhalt und Unterstützung in allen Lebenslagen erfahren viele junge Frauen stattdessen Konkurrenz und Zwist untereinander.

Es ist an der Zeit, dass sich dies wieder ändert.

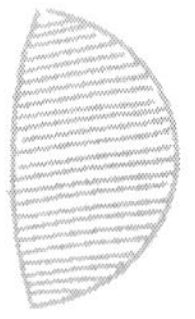

6. Geliebte

Das Fest der Geliebten, welches Beltane (die Walpurgisnacht) am 1. Mai feiert, wird durch ihre Mondphase, den fast vollen Mond, geprägt.

Die Geliebte ist keinem bestimmten Lebensalter zugeordnet. Egal ob als junges Mädchen, als Frau mitten im Leben oder als reife Frau, jede Person kann zur Geliebten werden, sobald sie sich in eine andere Person, ein Projekt oder ihre Arbeit verliebt. Die Geliebte erlebt das Wunder der allumfassenden Liebe und das Verschmelzen des Weiblichen mit dem Männlichen.

Die treibende Kraft der Geliebten liegt in ihrer Freude an der Vereinigung und ihrem Engagement für kreative Projekte.

7. Mutter

Die Jahreszeit, die der Mutter entspricht, ist der warme Hochsommer, welcher um die Sommersonnenwende herum stattfindet. Alles um sie herum zeigt sich fruchtbar und die Tage sind lang und lichtdurchflutet.

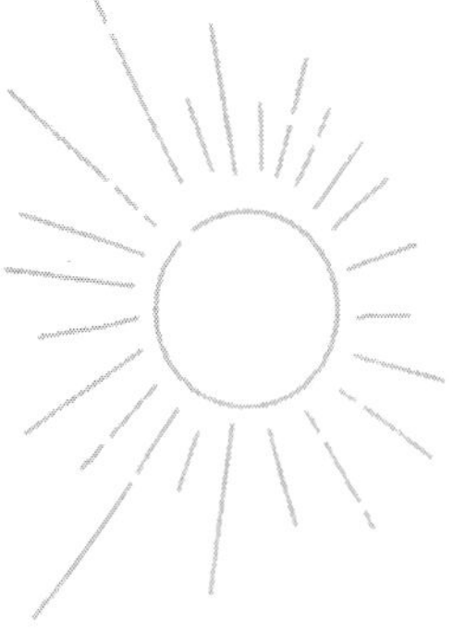

Nachdem die Mutter selbst geboren und zur Frau wurde, erlebt sie nun das große Mysterium der Geburt, welches sie auf tiefste Art und Weise berührt und nachhaltig verändert. Sie wird auf ihre ursprünglichen Kräfte zurückgeworfen und darf ihre Wurzeln auf eine neue Weise verstehen lernen. Dabei erkennt sie, dass sie die vollkommene Meisterschaft des Mutterseins nur erreichen kann, indem sie sich vollkommen

hingibt und vertraut sowie loslässt. In dieser Zeit schaut sie über die Schwelle zur Anderswelt. Mutterschaft bedeutet Präsenz im Moment.

Gefühle von Fürsorge und Wärme, Vertrauen, unendlicher Geduld und Liebe für ihre Kinder und ihre Lieben oder auch für ihre „geistigen Kinder" wie Team, Projekte, Kunst oder Arbeit an sich prägen die Lebensphase der Mutter auf harmonische Art und Weise.

8. Hebamme

Die Hebammen-Lehrerin und Vermittlerin begleitet Menschen auf ihrer Suche nach ihren größten Talenten, ihrer Berufung und einem selbstbestimmten Leben. Sie verlässt sich dabei auf ihre Intuition und die Weisheit von Körper, Geist und Seele.

Ihre Qualitäten können wie Wunder erscheinen, denn sie wirft die Rationalität über Bord. Sie verfügt über Erfahrung in der (Frauen-)Heilkunde, Kräuterkunde, Massagen und anderen Heilmethoden. Aufgrund ihrer Fähigkeiten war sie schon immer eine ernstzunehmende Bedrohung für das Patriarchat und musste vor einigen Jahrhunderten mit Folter und Verbrennung rechnen. Auch heute noch ist es für Hebammen schwer, Anerkennung zu finden.

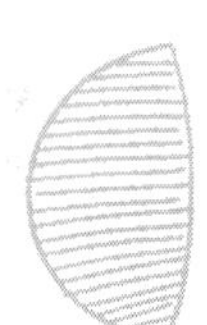

Die Hebammen-Expertin versteht sich auf das Leben und hat auch Erfahrungen mit dem Tod gesammelt. Sie gibt ihr Wissen über Mutterschaft, Liebe, Vertrauen, Verwandlung und Verantwortung weiter. Für ihre Schützlinge geht sie bis ans Ende der Welt und setzt dabei oft ihre eigene Gesundheit aufs Spiel. Die Hebamme bleibt stets treu zu ihren Werten und ihrer Aufgabe.

Wir können die Kraft der Hebamme in uns erwecken, wenn wir in existenziellen Krisen für Familie oder Freundinnen da sind oder anderen als Ärztin, Krankenschwester, Heilkundige oder Beraterin helfen, ihr kreatives Selbst zu entdecken, durch eine Krise zu kommen oder in der Mutterschaft zu wachsen.

9. Königin

Der Archetyp der Königin und die Selbstliebe. Die Königin ist stolz und kennt ihren Wert. Sie akzeptiert nichts weniger als das Beste – in allen Lebensbereichen. Sie lässt weder ihren Partner noch Arbeitskollegen sie schlecht behandeln. Sie schätzt sich selbst sehr und weiß genau, was sie will. Trotzdem ist sie nicht unnahbar oder kalt wie die Kriegerin, sondern herzlich und warm. Im Gegensatz zur Liebenden, die sich selbst aufopfert, um anderen zu helfen, weiß die Königin, dass sie auch ihre eigenen Bedürfnisse erfüllen muss. Nur wenn ihre eigenen Grundbedürfnisse erfüllt sind, kann sie anderen wirklich helfen. Und sie tut dies sehr gerne.

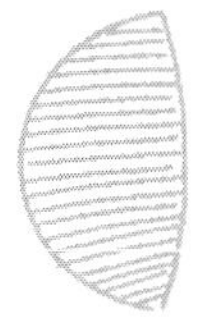

Kennst du Frauen, die selbstbewusst durch die Welt gehen und sich von niemandem unterkriegen lassen? Die in der Lage sind, nein zu sagen, aber dennoch eine herzliche Ausstrahlung haben? Frauen, die stolz und erhaben sind, aber gleichzeitig bescheiden und gütig? Dies sind die Merkmale des Archetyps der Königin.

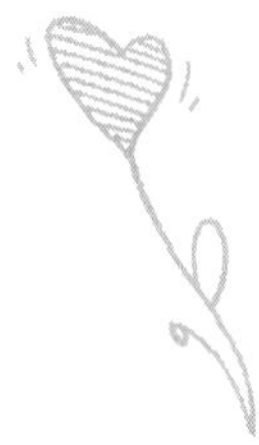

10. Amazone

Ihr Fest ist Lammas (1. August). Sie darf bereits die ersten Früchte ihrer Weiterentwicklungsarbeit ernten. Ihr Mond ist noch mehr hell als dunkel.

Die Amazone ist eine Kämpferin, sie liebt ihre Unabhängigkeit, Freiheit und Wildheit. Sie lebt ihre weiblichen wie ihre männlichen Kräfte exzessiv aus und lehnt sich gegen Ungerechtigkeiten und patriarchale Strukturen auf.

Oft tritt die Amazonenkraft in uns auf den Plan, wenn die Kinder älter und nicht mehr so stark von uns als Mutter abhängig sind. Aber auch, wenn wir als ältere Frau eine lange Beziehung hinter uns lassen oder als junge Frau die ersten Schritte in die Eigenständigkeit machen. Die Amazonenkraft wird immer dann aktiviert, wenn wir aus Freude und Genugtuung unseren ureigenen Rhythmus leben wollen, unseren Instinkten und unserer Kreativität folgen, wenn wir uns bedingungslos für die Unabhängigkeit entscheiden.

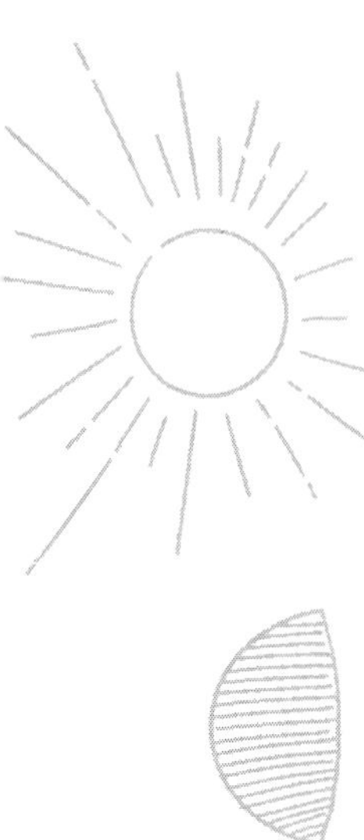

11. Matrone

Das Jahreskreisfest der Matronen ist Mabon, das Fest der Herbst-Tag-und-Nacht-Gleiche. Die Mondphase der Matronen ist der abnehmende Halbmond.

Als Oberhaupt ihres Clans, ihrer Familie, strahlt sie eine natürliche innere Reife, Erfahrung, Ruhe und Stärke aus. Sie befindet sich in einer Lebensphase, in der sie erntet, was sie zuvor gesät hat, in der sie Resümee zieht.

Die Kraft der Matronen erwacht in uns, wenn wir unserem weltlichen Wissen gereift und kraftvoll Ausdruck verleihen wollen. Wenn wir nach größtmöglicher Einflussnahme streben, damit unsere Arbeit möglichst weite Verbreitung findet. Die Matrone in dir weckt deine Führungsqualitäten, deine Präsenz und dein Wissen genauso wie deinen Weitblick, dein Verantwortungsbewusstsein und deine Fähigkeit zur Kooperation. Dein Handeln als Matrone ist frei von Konkurrenzdenken.

12. Priesterin

Ihr Monat ist der Oktober. Es ist bereits spürbar, dass die Tage kürzer werden und wie sich die Natur auf die dunkle Zeit vorbereitet. Die Mondphase der Priesterin ist die des abnehmenden Mondes.

Die Priesterin steht kurz vor den Wechseljahren und verabschiedet sich jetzt von ihrer körperlichen Fruchtbarkeit. Ihre materiellen Bedürfnisse nehmen ab, während ihre spirituellen

Bedürfnisse zunehmen. Es fällt ihr zunehmend schwer, sich in den Dienst der Kinderbetreuung zu stellen (gerade für Spätgebärende eine große Herausforderung). Jetzt ist für sie Zeit für Innenschau und Erforschung der Seele.

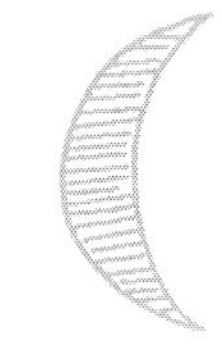

Wie ihr jüngeres Pendant (Blutsschwester) braucht sie die Unterstützung der Gruppe, um ihren inneren Wandel hin zu ihrer dunklen Phase kraftvoll und unbeirrt vorantreiben zu können.

Priesterinnen sind bereits sehr lebenserfahren, sie hinterfragen gesellschaftliche Zusammenhänge, sich und andere Menschen kritisch. Sie möchten andere Menschen unterstützen und greifen gerne auf die Kraft der Gruppe, auf geweihte Objekte, kraftvolle Symbole oder Bilder zurück, um sich besser fokussieren zu können.

Die Kraft der Priesterin erwacht in uns, wenn wir Gruppen zusammenführen, um anderen zu helfen, wenn wir uns auf unser Frauenwissen besinnen und uns davon durch schwierige Zeiten leiten lassen. Wenn wir eine Gruppe um Rat für unsere persönlichen Themen befragen. Wenn wir großherzig anderen all das geben, was wir uns selbst wünschen.

12. Zauberin

Die Zauberin tritt oft als Medizinfrau oder Schamanin in Erscheinung. Klassischerweise ist sie eine Frau im Übergang zur Menopause. Sie hat, genährt aus ihrer Lebenserfahrung, die besondere Fähigkeit, ihre weiblichen und männlichen Qualitäten in einer fruchtbaren Symbiose zu leben. Dadurch wird sie zu einer kraft- und machtvollen Verwandlerin. Sie steht der Geliebten im Archetypenkreis gegenüber und verbindet weibliche und männliche Qualitäten statt auf körperlicher auf geistiger Ebene. Sie ist sich der Geheimnisse des Lebens, des Todes und der Ewigkeit bewusst, denn der Großteil ihres eigenen Lebens liegt bereits hinter ihr.

Das Jahreskreisfest der Zauberin ist Samhain (Ende Oktober bis Anfang November). Ihr wird in einer Zeit gedacht, in der die Grenzen zwischen der Anderswelt und der hiesigen Welt dünn sind.

Die besondere Kraft der Zauberin entfaltet sich in uns (egal welchen Alters wir gerade sind), wenn wir beispielsweise mit einer lebensbedrohlichen Krankheit, Ängsten oder großen Sorgen fertig werden müssen. Wenn es wichtig ist, all unsere Sinne beisammen zu halten und ungeahnte Kräfte zu entfalten. Wenn wir das Gefühl haben, unbedingt einem ganz besonderen Weg folgen zu müssen, egal zu welchem Preis.

 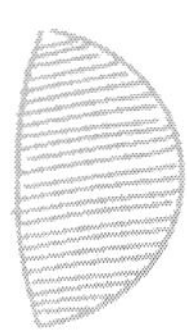   

Ein Exkurs - eine moderne Interpretation der 13 Archetypen der Frauen

Im Zeitalter vieler Klischees und stereotyper Serien (wie zum Beispiel „Sex and the City") mit viel „Mädchenkram" habe ich mir den Spaß erlaubt, zu überlegen, wie in einer modernen Darstellung die 13 Archetypen in unserer heutigen Welt aussehen könnten. Bist du bereit für den kleinen Spaß als Funfact?

- **Die Unabhängige:** Dieser Archetyp steht für Selbstständigkeit, Unabhängigkeit und Durchsetzungskraft. Frauen, die sich mit diesem Archetyp identifizieren, wissen, was sie wollen, und setzen sich dafür ein.

- **Die Verführerin:** Dieser Archetyp symbolisiert die weibliche Sexualität und Sinnlichkeit. Frauen, die sich mit diesem Archetyp identifizieren, haben eine starke Ausstrahlung und können ihre Sexualität selbstbewusst zum Ausdruck bringen.

- **Die Kriegerin:** Dieser Archetyp steht für Mut, Entschlossenheit und Durchhaltevermögen. Frauen, die sich mit diesem Archetyp identifizieren, sind kämpferisch und setzen sich für ihre Überzeugungen ein.

- **Die Weise:** Dieser Archetyp symbolisiert die Weisheit und das Wissen. Frauen, die sich mit diesem Archetyp identifizieren, sind in der Lage, andere zu inspirieren und zu motivieren.

- **Die Mutter:** Dieser Archetyp steht für Fürsorglichkeit,

Geborgenheit und Liebe. Frauen, die sich mit diesem Archetyp identifizieren, sind fürsorglich und schenken anderen Menschen Geborgenheit und Liebe.

- **Die Helferin**: Dieser Archetyp symbolisiert Hilfsbereitschaft, Mitgefühl und Nächstenliebe. Frauen, die sich mit diesem Archetyp identifizieren, setzen sich für das Wohl anderer Menschen ein und sind stets bereit, zu helfen.

- **Die Liebende:** Dieser Archetyp steht für die romantische Liebe und die Leidenschaft. Frauen, die sich mit diesem Archetyp identifizieren, haben eine tiefe Sehnsucht nach Liebe und sind bereit, alles dafür zu geben.

- **Die Abenteurerin:** Dieser Archetyp symbolisiert den Wunsch nach Freiheit, Abenteuer und Unabhängigkeit. Frauen, die sich mit diesem Archetyp identifizieren, sind mutig und unternehmen gerne neue Dinge.

- **Die Künstlerin:** Dieser Archetyp steht für Kreativität und Schönheit. Frauen, die sich mit diesem Archetyp identifizieren, haben eine ausgeprägte künstlerische Ader und sind in der Lage, Schönheit und Harmonie zu schaffen.

- **Die Visionärin:** Dieser Archetyp symbolisiert die Fähigkeit, in die Zukunft zu sehen und eine Vision zu haben. Frauen, die sich mit diesem Archetyp identifizieren, haben eine klare Vorstellung von ihrer Zukunft und setzen sich dafür ein.

- **Die Rebellin:** Dieser Archetyp steht für den Wunsch nach Freiheit und Unabhängigkeit, aber auch für den Widerstand gegen bestehende Normen und vermeintliche Gegebenheiten.

- **Die Mystikerin:** Dieser Archetyp symbolisiert die spirituelle Tiefe und die Verbindung zur Intuition. Frauen, die sich mit diesem Archetyp identifizieren, haben eine starke Verbindung zu ihrer inneren Stimme und sind in der Lage, tiefe Einsichten und Erkenntnisse zu gewinnen.

- **Die Lehrerin:** Dieser Archetyp steht für Wissen, Bildung und die Fähigkeit, andere zu unterrichten. Frauen, die sich mit diesem Archetyp identifizieren, haben eine ausgeprägte Lernbereitschaft und teilen gerne ihr Wissen mit anderen, um sie zu inspirieren und zu befähigen.

Im Prozess innerer Klärung wirst du an einem Punkt ankommen, der den Blick auf die Frauen deines Lebens erfordert. Wir erforschen die weiblichen Archetypen, die Mutterbilder, die übernommenen Erfahrungen, Haltungen und Glaubenssätze, aber auch den eigenen Körper. Sexualität als Freude, Kraftquelle und Inspiration zu entdecken, ist vielen Frauen ganz neu.

Intimität, Spiel und Verführung, statt Spannungsentladung oder Pflicht, sind möglich, wenn *frau* ihre Prägungen durchschaut. Dort, wo Wünsche, Sehnsüchte, Tabuthemen und Zyklus sowie andere Frauengeheimnisse zentrale Punkte sind, gilt es zunächst, auf deine inneren Dialoge mit dir selbst zu sehen. Wie oft nennst du dich selbst eher beiläufig „blöde Kuh“ oder blickst dich verachtend oder skeptisch an, wenn du an einem Spiegel vorbeigehst? Das sind Anzeichen dafür, wie du dich als Frau betrachtest. Dabei ist es vor allem die Weiblichkeit der Mutter, die eine zentrale Rolle im Leben der Tochter spielt und überwiegend wegweisend für dein eigenes Empfinden und deine Anschauungen heute ist.

Vorhin habe ich dich darum gebeten, die Bilder der Männer in deinem Leben zu skizzieren. Möglicherweise bist du skeptisch gegenüber Frauen oder lehnst die Weiblichkeit – bewusst oder unbewusst – als Thema in Gänze ab, da deine eigene Mutter und die mit ihr verbundenen Erfahrungen als irritierend, abstoßend und unwürdig wahrgenommen wurden. Dies wiederum kann seine Wurzeln in der Rolle der Weiblichkeit der Großmutter haben und so weiter und so weiter.

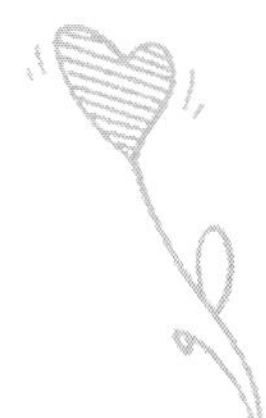

Um das neue Leben einzuladen, untersuchen und integrieren wir auch an dieser Stelle eine kleine Pause der Reflexion. Es mag sein, dass du dich daheim noch nie mit den Aspekten weiblicher Sexualität der Ahnen beschäftigt hast. Der Schritt dahin ist möglicherweise sogar ein Sprung ins völlig Unbekannte. Doch er lohnt sich, wenn die Zeit reif ist. Gehe in dich und überlege dir, ob du schon auf die Weiblichkeit und Sexualität der Frauen in deiner Familie sehen magst.

Wichtig ist: Achte auf deine Gefühle
und zwinge dich zu nichts!

Und hier findest du einige Anregungen, zu denen du dir Stichpunkte machen kannst, wenn es sich heute schon richtig für dich anfühlt:

Hat deine Mutter über Sex und Sexualität gesprochen? Wenn ja, wie hat sie es getan? War es ein Tabu, angenehm/unangenehm? Gab es Nacktheit in deiner Familie? Wenn ja, war es schambehaftet oder freiheitlich? War die Partnerwahl der Eltern die der Treue? Gab es eine Trennung? Gab es eventuell neue Partner/Stiefeltern?

Gab es Wahllosigkeit und Promiskuität? Wie wurde über Weiblichkeit gesprochen? Wurde sie wertgeschätzt? Gab es Themen wie Partnerwahl, Menstruation, Lustempfinden, Nähe, Zweisamkeit? Galt die Ehe als Zweck und Versorgung oder als Ausdruck von Freiheit, Entfaltung und Liebe? Gab es überhaupt eine Beziehung, eine Ehe? War Sexualität ein Muss, vielleicht sogar gegen den Willen oder Ausdruck von Freude, Verbindung und Einheit?

Ergänze gerne auch hier den Satz.

Frauen sind: ______________________________

____

____

____

____

____

An dieser Stelle bitte ich dich darum, das Buch zur Seite zu legen. Lass die Eindrücke auf dich wirken, denn unser Ziel ist es, das Erstrahlen in neuer Kraft zu erwirken. Bei der Betrachtung der Rollenbilder der Frau wird in den Mentorings häufig deutlich, dass der Blick auf die moderne Frau häufig aus der Bewertung der eigenen Mutter heraus geschieht, die es „zu nichts gebracht hat“, wenn sie nur daheim war. Eine riesige Prägung ist zu spüren, wenn Frauen zuerst im Beruf waren und dann der Kinder und Familie wegen daheim waren – Frustpotential, das sich über Generationen bemerkbar macht. Und was ist die Folge? Wir beschneiden uns häufig des Potentials, ein Zuhause – Mann und Kinder – aufzubauen, um es unbedingt anders zu machen. Du erinnerst Dich an meine Ausführung, dass es urweiblich ist, zu erschaffen.

„Alexandra, wann aber werden wir denn weiblich und sexy?“ Die Antwort wird dir vielleicht nicht gefallen: Wir sind „sexy“ und anziehend, wenn wir wir selbst sind und in uns ruhen. Wenn wir in der weiblichen Kraft und Energie sind.

Das ist vielen vielleicht als Antwort zu wenig, da es modern ist, vermeintliche Hilfestellungen überall und immer sofort zu finden. Hunderte Online-Singlebörsen suggerieren das ganz große Glück in 11 Minuten, obwohl die Lösung nur in uns selbst verankert ist – daran ändert auch ein maßloses Angebot außen nichts. Solltest auch du eben geseufzt haben, weil die Antwort nicht konkret genug war, gehe bitte noch einmal zu Kapitel 3 und 4 zurück. Zum Männerbild und der Zielbestimmung! Du wirst es mit der Zeit sehen, dass die Antwort „in dir selbst liegt alles“ die am meisten zutreffende und konkrete Antwort ist. Der klassische Blog- und Artikel-Stil „Wie auch du in fünf Schritten sofort den Traummann findest" oder „Die sieben Punkte für Erfolg mit den Männern" ist nicht meine Art, zu denken und zu arbeiten. Ja, meine Arbeit ist anspruchsvoll und berührt Gefühle. Tiefe Gefühle.

Aber um genau die geht es ja! Mir begegnen so viele fast skurrile Schilderungen von Frauen, wie sie Dates durchleben. Mal ehrlich, Ladys: Es sind oft gar nicht die „Kerle" mit ihrem unmöglichen Verhalten! Kaum etwas ist mehr Date-Killer, als wenn Frau den Part des Mannes übernimmt, indem sie versucht, ihn zu übertrumpfen (Leistungsgedanke = Männerenergie). Genieße und empfange, dann kreierst du als Schöpferin und wirst unwiderstehlich! Lass einfach machen und gebe dich bewusst, lustvoll hin! Sex zum Beispiel, wie er heute in der modernen Welt gelebt wird, ist häufig Ausdruck von Leistungs- und Frustrationsmomenten und Grenzüberschreitungen, weil wir nicht in unserer Kraft sind.

Wir lassen es zu, dass uns Energie geraubt wird, bis wir Frausein und Sexualität wieder neu begreifen. Erst dann wird Sex wieder zu dem, was er eigentlich sein sollte: **S**acred **E**nergy e**X**change statt einer Masturbation zu zweit! In meiner Arbeit gibt es nicht die eine Trickkiste mit ultimativen Tipps, Tricks und Regeln, die am Ende als Ratschläge auch nur Schläge sind.

Niemand soll am Ende noch mehr in die Perfektionismus-Falle gedrängt werden, wo später noch mehr Anstrengung erforderlich wird, weil dir unbewusst suggeriert wird, dass du, so wie du bist, noch nicht gut genug bist. Ich bin gerne deine Begleiterin zu deiner neuen Eigen- und Fremdwahrnehmung als eine unwiderstehlich attraktive und wertvolle Frau.

Deine Liebe zu dir selbst, zu deinem Körper, dein neu entdeckter Selbstwert und die Sexualität sind Zentrum deiner neuen Weiblichkeit und Lust. Damit der direkte Weg zur Lebendigkeit. Chinesische Kaiserinnen sahen in der Pflege der Weiblichkeit den Jungbrunnen, weil im inneren Gleichgewicht und der damit verbundenen Sexualität der Ursprung von Frauengesundheit liegt.

Würde ich dich an dieser Stelle als Heldin eines Romans beschreiben, würde ich dir diese Zeilen von Herzen widmen:

„Als sie das Buch zuklappte, fühlte sich ihr Herz weit geöffnet und ihr Geist voller neuer Erkenntnisse. Es war, als ob sie endlich den Schlüssel zu einem Geheimnis gefunden hatte, das tief in ihr verborgen lag. Sie hatte gelernt, dass Weiblichkeit und Sexualität keine Scham und kein Tabu sein sollten, sondern dass sie ein Geschenk waren, das sie in sich trug. Sie stand auf und ging zum Fenster. Der Regen hatte aufgehört und die Sonne brach durch die Wolken.

Die Welt sah so vielversprechend und voller Möglichkeiten aus, als ob sie darauf wartete, von ihr erobert zu werden. Die Sonne als Symbol der Liebe in sich selbst. Und in diesem Moment wusste sie, dass sie stark und schön und göttlich war. Sie war eine Göttin in sich selbst. Sie hatte die Kraft, ihre eigenen Träume zu verwirklichen und die Welt zu einem besseren Ort zu machen. Sie war bereit, die Kontrolle über ihr Leben zu übernehmen und es in die Richtung zu lenken, die sie wollte. Sie schloss die Augen und atmete tief ein und aus. Sie spürte, wie ihre Brust sich hob und senkte, und wie die Energie durch ihren Körper floss. Sie war lebendig und voller Lebensfreude. Sie wusste, dass es kein Zurück mehr gab. Sie würde nie wieder zulassen, dass ihre Weiblichkeit und Sexualität unterdrückt und missachtet werden. Sie würde stattdessen stolz darauf sein und es als das Geschenk betrachten, das es war. Sie öffnete die Augen und sah sich im Spiegel an. Sie lächelte sich selbst an und sagte leise: ‚Ich bin eine Göttin in mir selbst. Ich bin stark, schön und voller Leben. Und ich werde die Welt erobern.‘

Sie wusste, dass sie gerade einen Schatz entdeckt hatte, der ihr Leben für immer verändern würde. Dieses Buch, das sich auf das Thema Weiblichkeit und Kraft der Göttin konzentrierte, hatte sie zu einem neuen Verständnis ihrer selbst geführt. In dem Buch hatte sie gelernt, dass Frauen ihre Weiblichkeit und Sexualität als Geschenk betrachten sollten, das ihnen gegeben wurde, anstatt es als Tabu oder Belastung zu betrachten. Sie hatte gelernt, dass die Entdeckung ihrer eigenen sexuellen Identität und ihrer Weiblichkeit eine Quelle der Kraft und Stärke sein kann.

Sie hatte gelernt, wie sie sich mit ihrer eigenen inneren Göttin verbinden konnte und wie sie ihre sexuelle Energie (als ursprüngliche Lebensenergie) kanalisieren konnte, um ihre Ziele zu erreichen und ihre Träume zu verwirklichen."

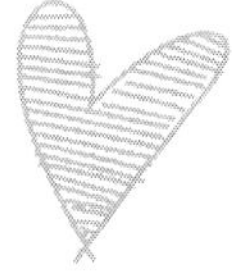

Ein kleiner Exkurs – Deine innere Göttin und du

Und hier findest du die ersten 15 Anregungen dazu, wie die Göttin strahlt, lebt und liebt. Ergänze als letzte Übung gerne die Dinge, die dir noch einfallen. Lasse deinen Gedanken freien Lauf und kreiere die Göttin, die du vielleicht nun selbst sein willst. Wie siehst du dich selbst? Wie strahlst du? Wie fühlst und gestaltest du als Göttin, die sich liebt?

1. Eine Frau, die ihren inneren Göttinnen- und Schöpferinnen-Impulsen folgt, ist unglaublich lebendig und anziehend.

2. Eine Frau, die weiß, was sie will, und sich selbst treu bleibt, ist unglaublich sexy.

3. Eine Frau, die ihre Weiblichkeit lebt und ausdrückt, ist unglaublich anziehend.

4. Eine Frau, die ihre Gefühle ausdrückt und offen für die Liebe ist, ist unglaublich begehrenswert.

5. Eine Frau, die authentisch ist und ihr wahres Selbst lebt, ist unglaublich attraktiv.

6. Eine Frau, die eine Göttin und Schöpferin ist, ist selbstbewusst und weiß genau, was sie will und wie sie es bekommt.

7. Sie ist kreativ und hat einen Sinn für Ästhetik.

8. Sie ist stark und selbstständig.

9. Sie ist eine gute Zuhörerin und Rednerin.

10. Sie weiß, wie man sich und andere Menschen inspiriert und motiviert.

11. Sie hat ein großes Herz und ist immer bereit, sich und anderen zu helfen.

12. Sie ist aufgeschlossen für Neues und abenteuerlustig.

13. Sie strahlt vor femininer Intelligenz und weiß, wie man Probleme löst.

14. Sie ist einfach wundervoll!

15. Eine Frau, die sich liebt, strahlt in die ganze Welt!

Möchtest du mehr über uralte Rituale für mehr Weiblichkeit erfahren? Höre gerne in die Folge 19 meines lebendigMACHER Podcasts rein!

DEIN Katapult ins Liebesglück

10 Schritte zu einer langfristigen glücklichen und erfüllten Beziehung auf Augenhöhe!

Durch mein „Katapult ins Liebesglück“ hast du erfahren, wie du die Göttin und Schöpferin in dir selbst erwecken und befreien kannst. Es ist eine Einladung an alle Frauen, sich ihrer individuellen Fähigkeiten, Stärken und Bedürfnisse bewusst zu werden. Dieses Buch bietet den Leserinnen eine verständliche Sachbuch-Lektüre, die einfache, aber dennoch effektive Wege aufzeigt, wie sie ihr Liebesglück finden und endlich liebend und geliebt werden.

Nimm meine Zeilen als liebevolles Reichen meiner Hand. Bist du bereit, dich selbst zuerst zu lieben und deine inneren Fähigkeiten zu entfachen, wird dir das „Katapult ins Liebesglück“ die eine oder andere Brücke bauen, denn den Weg gehen darfst du selbst! Dieses Buch wird dir helfen, deine persönliche Bestimmung zu erkennen und es wird dich auf eine emotionale Reise in deine eigene innere Kraft führen.

Lasse niemals zu, dass sich andere in dein Liebesglück einmischen, sondern folge deinem Herzen. Nur so findest du heraus, wer die Göttin und Schöpferin in dir ist. Dieses Buch wird dich auf die Wege führen und leiten, um die Frau zu werden, die du immer sein wolltest: eine Göttin und Schöpferin deines eigenen Glücks. Diese 10 Kapitel können dir helfen, dein Leben in die Hand zu nehmen und die Veränderungen herbeizuführen, die du anstrebst. Jedes Kapitel ist so konzipiert, dass es dich Schritt für Schritt an dein Ziel bringt. Wenn du nur jeden Tag ein bisschen daran arbeitest, wirst du bald erkennen, wie viel Macht du über dein Leben wirklich hast und dass du dir jeden Wunsch erfüllen kannst.

Dieses Buch ist jedoch mehr als nur eine inspirierende Lektüre. Es ist ein aktiv anregendes Sachbuch, das auf wissenschaftlichen Erkenntnissen und psychologischen Theorien und jahrelanger Praxis- und Selbsterfahrung basiert. Es beinhaltet Impulse und Lehren sowie jahrelange Praxiserfahrung aus verschiedenen Bereichen wie Coaching, Mentoring, Psychotherapie, Psychologie, Sexualwissenschaften, Supervision, Anthropologie und Philosophie. Durch die Kombination dieser verschiedenen Disziplinen bietet das Katapult eine umfassende und tiefgründige Perspektive auf das Thema Weiblichkeit und Sexualität. Es gibt Anleitungen zur Selbstreflexion und zur Verbindung mit der Natur der Frau, um Frauen aktiv dabei zu helfen, ihre innere Göttin zu finden.

Insgesamt ist das „Katapult ins Liebesglück" für mich ein leidenschaftlicher und erkenntnisreicher Ausdruck, der Frauen dazu inspirieren darf, ihre Sexualität und Weiblichkeit zu umarmen und als Quelle ihrer eigenen Lebendigkeit und Stärke zu nutzen. Wenn du mein Buch „Katapult ins Liebesglück" an dieser Stelle zuklappst, wünsche ich mir tiefe Berührung für dich und Erfüllung und Inspiration durch Erkenntnisse.

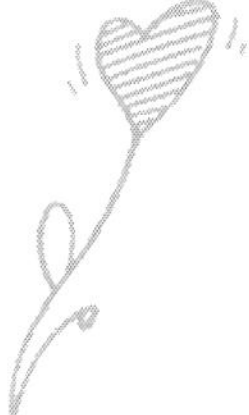

Die gewünschte Erkenntnis und die tiefe Essenz ist es, dass du dich als Spiegel deines Selbst entdeckst. Du darfst Halt in dir finden und dein Lebensglück trotz aller Prägungen hin zur Liebe und zu deinem Mr. Right entfalten. Ich freue mich, wenn dein Innerstes als Ort der Sicherheit wie ein Fels in der Brandung steht. Altes loszulassen und Neues zu entdecken, ist das eine Ding, alles Neue zu integrieren und etablieren jedoch ist der nächste Schritt, auf dem ich dich ebenso liebevoll begleiten möchte.

Die wesentlichen Faktoren, die du in 10 Kapiteln kennengelernt hast, sind:

- Bewusstsein richtig aktivieren –
  vom Unbewussten zum Bewussten.
- Glaubenssätze und Glaubenshaltungen:
  Wie sie unser Leben prägen.
- Die Beziehung zu dir selbst als Schlüssel
  zum Lebens- und Liebesglück.
- Kraftvoll ermutigend:
  So lebe ich mein wahres Selbst.
- Liebe – die tiefe Verbundenheit
  zu allem, was ist.
- Wahre Erfüllung: Ganzheit, Freiheit
  und Frieden – das alles bist du!
- Mentale Kraft steckt in jeder von uns!
- Leben im Hier und Jetzt!
- Frauen- und Schöpferkraft –
  die Kraft der Göttin in dir entfalten.

An dieser Stelle angekommen siehst du, dass du selbst zu sein viel leichter ist, als du auf den ersten Seiten noch vermutet hast, und gleichzeitig umfasst die entfesselte Weiblichkeit viel mehr, als zuerst angenommen wird. Die Oase steckt in jeder von uns – wir brauchen den Selbstwert „nur" zu erkennen und zu nutzen. Der Grundzustand der Menschen folgt einem System, auch wenn die Auswirkungen gemachter Erfahrungen durchaus individuell sind. Wir sind immer im Austausch:

1. in permanenter Beziehung zu uns bis zur letzten Lebenssekunde
2. in zweiter Linie in Beziehung zur Umwelt und unseren Mitmenschen

Siehe gerne auf die Fundamente deines Lebens, denn Kleinigkeiten reichen aus, um das Nervensystem des Menschen nachhaltig zu prägen. Siehe auf die Stabilität, die Bausubstanz, den Keller, den Dachboden – gibt es Nebengebäude? Verbildlicht am Tempel der Göttin:

Wie viele Säulen hat er? Ist er lichtdurchlässig, ist er liebevoll geschmückt und ehrt dich? Auf dem Weg zur Entfaltung der Göttinnenkraft geht es darum, Spannungsfelder zu erkennen und die eigene Individualität zu erfahren. Wo sind Interferenzen zwischen Körper, Geist und Seele auszumachen?

Dein neues Ziel darf es sein, Angewohnheiten neuer Eigenschaften zu erwirken, die dich in deinem Gleichgewicht bestärken. Kreiere mental gesunde Räume und zelebriere die innere Transformation als Weg zum neuen Leben voller Lebens- und Liebesglück. Die Neukreation von Ab- und Selbstbildern hilft dir, deine eigene Schöpferkraft zu erfahren und fließende Emotionen zu erzeugen.

Alte Energien waren wie Luft und Gift, das durch Ritzen und Fugen nach innen drang. Ich wünsche mir aus tiefem Herzen, dass dein heiliger Energiekörper nun abgedichtet ist. Mit jedem (Selbst-)Coaching/Mentoring wird der Blick weiter und das Bewusstsein steigt – so auch die Möglichkeiten.

Die Ausweitung von Chancen ist das,
was ich dir von ganzem Herzen wünsche.

Vielleicht denkst du bei den folgenden Sätzen ab jetzt an mich:

- Wenn ich in den Spiegel sehe, erkenne ich mich selbst.
- Ich sehe eine Frau, die stark und schön ist.
- Ich sehe eine Frau, die weiß, was sie will und was sie nicht will.
- Ich sehe eine Frau, die ihren Weg geht und ihr Leben lebt.
- Mein Lebensglück ist es, mich selbst zu finden und meine Prägungen zu erkennen und wenn notwendig zu verändern.
- Ich liebe mich, so wie ich bin.
- Meine konstruktiven Glaubenssätze prägen mein Leben.
- Ich glaube an die Liebe und an die Kraft der Liebe.
- Ich glaube an die Kraft der Gedanken und an die Macht der Gefühle.

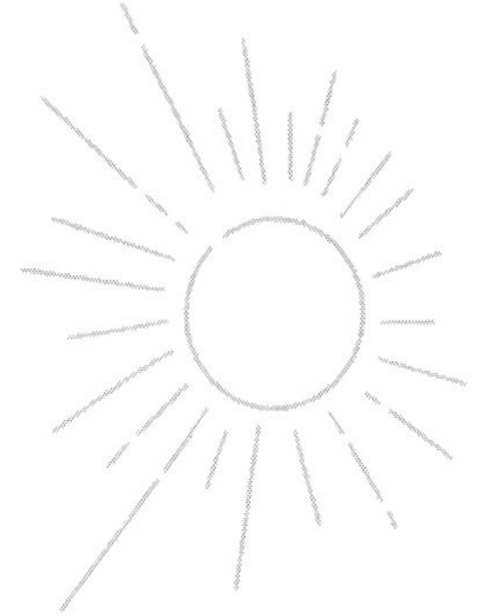

- Ich glaube an mich
  und an meine Fähigkeiten.

- Ich lebe mein wahres Selbst, weil ich mich
  selbst liebe und weil ich weiß, was ich will.

- Ich habe meinen Mr. Right gefunden und lebe
  fortan glücklich und zufrieden mit ihm.

- Ich bin kraftvoll und ermutigend
  und ich lebe in Frieden und Freiheit.

Tief innen wünsche ich mir, dass mein Lesebuch für Frauen auch Männer erreicht und begeistert. Vielleicht werden auch sie die Lektüre lesen und lieben. Mögen sie durch mein Buch die Frauenwelt besser verstehen und lieben lernen.

Dank

Mein tiefer Dank gilt meinen beiden Lieben: meinem Mann und meiner Tochter. Eure Liebe trägt mich durch den Fluss des Lebens! Ihr seid der Sonnenschein, der mein Leben erhellt.

Meiner Mutter und meiner Schwester danke ich für den wundervollen Familien-Frauen-Zusammenhalt.

Mein besonderer Dank gilt den tausenden Frauen, die ich zu ihrem Lebens- und Liebesglück begleitend darf.

Mir selbst danke ich dafür, dass ich meiner Herzensmission nachgehe und meine Berufung lebe.

Den vielen Mentoren und Coaches, bei denen ich selbst gelernt habe, danke ich für die wertvollen Impulse und die vielen Lehren, die meine Arbeit bereichern.

Last, but not least, danke ich all den tollen Menschen, die dieses Buchprojekt möglich gemacht haben.

lebendigMACHER Podcast

Liebe ist ein Grundbedürfnis!

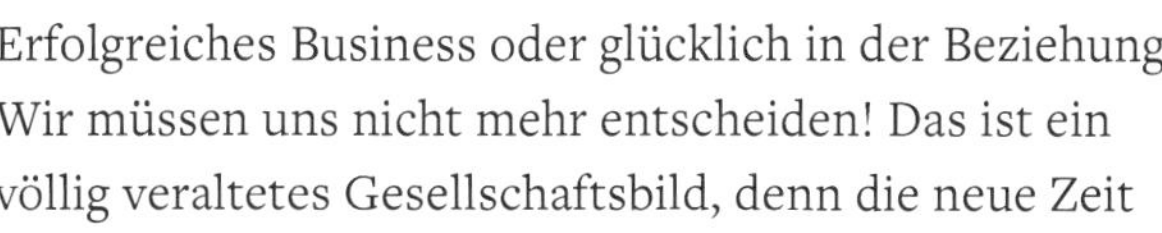

Erfolgreiches Business oder glücklich in der Beziehung? Wir müssen uns nicht mehr entscheiden! Das ist ein völlig veraltetes Gesellschaftsbild, denn die neue Zeit ist eine SOWOHL-ALS-AUCH-ZEIT:

Du hast das Recht darauf, glücklich UND erfolgreich zu sein!

Eine langfristige und erfüllte Partnerschaft auf Augenhöhe, Selbstliebe und Resilienz, Leichtigkeit und Glück: zu all diesen Themen heiße ich Dich herzlich willkommen hier im **lebendigMACHER Podcast, Deinem Podcast für Lebens- und Liebesglück!**

Deine Alexandra

Jetzt anhören!

Das sagen die Zuhörer:

„Einfach toll! Alexandra bringt das Thema Liebe in einen erfrischend wissenschaftlichen und spirituellen Kontext. Genau die Mischung, die ich mag und die mich berührt. Ich freue mich auf mehr!“

Dein direkter Weg zur Autorin

Du möchtest mehr erfahren, ein Interview anfragen oder einen Termin buchen?

Alexandra Wilmsmann-Hiller erreichst du schnell und bequem über diese nützlichen Links und ihre Social-Media Profile.

Deine Notizen